Umschlaggestaltung: Michael Franzen
Text und Lektorat: Michael Franzen

Western Books Verlag©, Michael Franzen, 24534 Neumünster
michaelfranzen1965@googlemail.com

Druck: Neopubli GmbH, 10969 Berlin

ISBN Paperback: 978-3-7450-7034-7
ISBN eBook: 978-3-7485-9724-7

D1730565

Michael Franzen

Tagebuch der Geschichte der USA des 19. Jahrhunderts

Band 4
1846 - 1860

Vorwort

Der vierte Band der Geschichte der Vereinigten Staaten beschreibt chronologisch die Zeit vom Amerikanisch-Mexikanischen Krieg, der den Vereinigten Staaten große territoriale Gewinne im Westen einbringt, darunter die heutigen Bundesstaaten Kalifornien, Nevada, Utah, Arizona und New Mexiko.

Durch den ersten großen Goldrausch ziehen die Menschen zu den Goldfeldern Kaliforniens und später nach Colorado, um dort ihr Glück zu suchen. Verstärkt kommt es dabei zu den ersten Auseinandersetzungen mit den Plains-Indianern sowie den in Kalifornien und im Oregon- und Washington-Territorium beheimateten Stämmen.

Dunkle Vorboten des sich nahenden amerikanischen Bürgerkrieges finden sich im *„Bleeding Kansas"*, in dem die Gegner und Befürworter der Sklaverei sich erbittert bekämpfen. Mit Abraham Lincoln betritt einer der bedeutendsten Männer seiner Zeit die politische Weltbühne, um die zerstrittene Nation durch einen blutigen Bürgerkrieg zu führen.

Neumünster, im Dezember 2017
- der Autor -

1846

Die heutige Universität von Iowa wird als College in Grinnell, Iowa gegründet.

Elias Howe, Jr. (1819-1867) erfindet die Nähmaschine.

Abraham Lincoln wird für eine Legislaturperiode als Abgeordneter der Whigs in den Kongress gewählt.

Richard March Hoe (1812-1886) erhält ein Patent für seine Rotationsdruckmaschine, mit der 20.000 einseitige Drucke pro Stunde produziert werden können. Diese Erfindung revolutioniert das Zeitungswesen.

In New York wird die *Trinity Church* zwischen dem Broadway und dem *Trinity Place* fertiggestellt. Sie wird am Himmelfahrtstag eingeweiht.

Der *Walker-Tarif* reduziert die Zölle von 32 % auf 25 % und ist bis dahin einer der niedrigsten Tarife in den USA.

Der deutsche Auswanderer Otfried Hans Freiherr von Meusebach (1812-1897) gründet Fredericksburg in Texas. Später folgen die Orte Castell und Leiningen. Nach kriegerischen Auseinandersetzungen mit den Comanchen, schließt Meusebach am 02. März 1847 bei San Saba seinen berühmten Friedensvertrag mit 20 Häuptlingen der Comanchen, der von beiden Seiten niemals gebrochen wird.

Bei der Wahl zum 30. US-Kongress erhalten die Demokraten im Senat und die Whig Partei im Repräsentantenhaus die Mehrheit.

05. Januar

Das Repräsentantenhaus stimmt zu, sich das Oregon-Gebiet vorerst gemeinsam mit Großbritannien zu teilen.

09. Januar

Der Stummfilmschauspieler Verner Clages wird in Bad, Großbritannien geboren. Zwischen 1909 und 1911 spielt er in 62 Stummfilmen mit.

13. Januar

General Zachary Taylor (1784-1850) erhält von Präsident Polk den Befehl, nach Süden vom Nueces River zum Rio Grande zu marschieren. Mit diesem Schritt will Polk Verhandlungen mit Mexiko erzwingen bzw. einen Zwischenfall provozieren. Das Verhältnis zu Mexiko verschlechtert sich indes zusehends, da überall in den Staaten die Politik des *Manifest Destiny* propagiert wird.

31. Januar

Die Stadt Milwaukee, Wisconsin wird gegründet.

10. Februar

Die ersten Mormonen beginnen unter ihrem Anführer Brigham Young (1801-1877) von Nauvoo, Illinois aus zum Großen Salzsee im Utah-Gebiet auszuwandern.

19. Februar

Die Regierung von Texas nimmt in Austin ihre Arbeit auf.

22. Februar

Einem historisch umstrittenen Bericht zufolge, soll die *Liberty Bell* zum Geburtstag von George Washington heute zum letzten Mal geläutet haben, wobei sich der bereits vorhandene Riss noch weiter vergrößert haben soll. Heute hängt die berühmte Glocke im Liberty Bell-Pavillon gegenüber der *Independence Hall* in Philadelphia.

Der Kundschafter, Pony-Express-Reiter, Bisonjäger, Schauspieler und Begründer der Westernshow *Wild West* William Frederick „*Buffalo Bill*" Cody wird als viertes von acht Kindern auf der Scott-Farm in Laclere County, Iowa geboren.

08. März

Eine US-Dragoner-Einheit überquert bei Corpus Christie den Nueces River und marschiert durch unverteidigtes Gebiet auf den Rio Grande zu.

25. März

Der US-Senator aus Illinois (1834) William Lee Davidson Ewing (*1795) stirbt in Springfield, Illinois.

April

John Charles Fremont (1813-1890) verlässt Kalifornien, nachdem die Mexikaner ihn und seine Männer wegen der wachsenden Spannungen mit den USA aus Kalifornien ausgewiesen haben. Bevor Fremont das Land jedoch verlässt, errichten er und seine Truppe auf dem Hawk's Peak in den Gabilan Mountains eine Barrikade und fordern die Mexikaner demonstrativ auf, sie von dort oben zu vertreiben. Als die Mexikaner dann tatsächlich Truppen zusammenziehen, um diese Herausforderung anzunehmen, räumt Fremont schließlich nach drei Tagen freiwillig den Gipfel und wendet sich Ende April mit seinen Männern in Richtung des Oregon-Gebiets. Dann jedoch (auf Order von Präsident Polk?) kehrt er nach Kalifornien zurück und viele der dort lebenden Amerikaner schließen sich ihm und seiner kleinen Streitmacht an.

12. April

Der mexikanische General und spätere Befehlshaber der nördlichen Truppen Mexikos Pedro de Ampudia (1803-1868) fordert Taylor auf, sich mit seinen Truppen wieder über den Nueces River zurückzuziehen.

23. April

Der Kongress verabschiedet eine Resolution über die Beendigung der gemeinsamen Besetzung Oregons durch die USA und Großbritannien.

25. April

61 US-Dragoner werden in einen Hinterhalt gelockt und von mexikanischen Soldaten angegriffen, wobei elf Amerikaner getötet werden. Der Rest wird gefangen genommen und in die Stadt Matamoros gebracht. Beginn des Amerikanisch-Mexikanischen Krieges.

08. Mai

In der Schlacht von Palo Alto in der Nähe von Brownsville, Texas treffen 2.288 Amerikaner unter General Zachary Taylor auf 3.709 Mexikaner unter General Mariano Arista (1802-1855). Dank der besseren Geschütze, die mit Schrot geladen sind, trägt Taylor den Sieg davon, während die Mexikaner sich bei 102 Toten und 129 Verwundeten zurückziehen müssen.

09. Mai

Bei Reseca de la Palma, ca. 8 km südlich von Palo Alto, kommt es zur erneuten Schlacht zwischen den Truppen Taylors und Aristas. Nachdem die linke Flanke zusammengebrochen ist, setzt eine wilde Flucht der Mexikaner ein. Viele der Soldaten ertrinken bei dem Versuch den Rio Grande zu durchschwimmen. Aristas Niederlage führt zur Aufgabe der Stadt Matamoros und er zieht sich mit seiner Truppe zum 300 km südlich gelegenen Lineares zurück.

13. Mai

Die USA erklären Mexiko offiziell den Krieg.

15. Mai

An Brigadegeneral Stephen Watts Kearny (1794-1848) ergeht der Befehl, mit seiner 1.700 Mann starken Truppe nach New Mexiko zu marschieren, um dort die Stadt Santa Fe einzunehmen.

14. Juni

Bei der „*Bear Flagg Revolt*" besetzt eine Gruppe Siedler unter William Brown Ide (1796-1852) die Stadt Sonoma und veröffentlicht eine Unabhängigkeitserklärung für Kalifornien. Sie hissen ihre Flagge, die den Namen der Republik, einen Grizzlybären und einen roten Stern auf weißem Grund trägt.

15. Juni

Der Senat ratifiziert den Oregon-Vertrag mit Großbritannien. Darin wird der 49. Breitengrad bis hin zum Puget Sound als Grenze zwischen den USA und Kanada festgelegt. Weiter verläuft die Grenze durch die Juan de Fuca-Straße bis hin zum Pazifik. Das Oregon-Gebiet ist damit amerikanisch.

19. Juni

In den USA wird das erste öffentliche Baseballspiel ausgetragen. Die Knickerbockers aus New York unterliegen auf dem Elysium Field in Hoboken, New Jersey den New York Nine mit 1 zu 23 Punkten. Damit ist der amerikanische Nationalsport geboren.

30. Juni

General Kearny rückt aus Fort Leavenworth im heutigen Kansas nach New Mexiko hin ab, welches er ohne Kampf für die USA in Besitz nimmt. Der mexikanische General Manuel Armijo (1793-1858) zieht sich mit seinen 5.000 Soldaten nach Süden zurück.

07. Juli

Beginn der amerikanischen Invasion in Kalifornien durch Commodore John Drake Sloat (1781-1867). Die Stadt Monterey wird eingenommen.

09.07

Yerba Buena wird von Marinesoldaten eingenommen.

29. Juli

Amerikanischen Truppen erobern San Diego.

06. August

Der Mountain Man und Händler Thomas Fitzpatrick (1799-1854) wird zum Indianeragenten für die Agentur am Oberen Platte- und Arkansas River ernannt.

08. August

Das *Wilmot-Proviso* ermächtigt den Präsidenten, mexikanisches Territorium durch Kauf zu erwerben. Es wird jedoch vom Senat abgelehnt.

10. August

Auf Beschluss des Kongresses wird das *Smithsonian Institute* in Washington aufgrund einer Stiftung des englischen Chemikers James Smithson (1765-1829) gegründet.

12. August

Mexikanische Kalifornier überrennen die amerikanische Garnison von Los Angeles und belagern San Diego und

Santa Barbara.

15. August

Der US-Senator aus Illinois (1903-1909) Albert Jarvis Hopkins wird bei Cortland, Illinois geboren.

Stephen Watts Kearny besetzt mit seiner *Army of the West* die Stadt Las Vegas und erklärt das Gebiet von New Mexiko zu einem Teil der USA.

19. August

Ohne Blutvergießen (der mexikanische General Armijo war vorher mit Geld bestochen worden) reitet die *Army of the West* in Santa Fe ein und hisst auf dem Marktplatz die amerikanische Flagge.

25. August

Der US-Senator aus Louisiana (1910-1915) John Thornton wird in der Nähe von White Castle, Louisiana geboren.

14. September

Antonio López de Santa Anna (1794-1876), der sein Exil in Havanna, Kuba mittlerweile verlassen hat, trifft in Mexiko City ein, wo er erneut die Regierungsgeschäfte übernimmt und darangeht, die mexikanische Armee zu reorganisieren.

15. September

Der US-Senator von Connecticut (1827-1823) und 28. Gouverneur von Connecticut Samuel Augustus Foote (*1780) stirbt in Cheshire, Connecticut.

21. bis 24. September

Bei Monterrey, Mexiko kommt es zu weiteren Gefechten zwischen Taylors Armee und den Mexikanern unter Pedro de Ampudia. Am 24. September ist Taylors Artillerie so dicht an die Stadt herangerückt, dass die Gefahr besteht, dass das Arsenal in die Luft fliegt. General Ampudia macht daher ein Waffenstillstandsangebot und da die Männer Taylors völlig erschöpft sind und die Verluste zunehmen, stimmt der dem Angebot schließlich zu. Am 25. September beginnen die Kapitulationsverhandlungen und zwischen dem 26. und 28. September zieht sich Ampudias Truppe nach San Luis Potosi zurück. Mit der Einnahme von Monterrey ist Nordmexiko von den Amerikanern erobert.

28. September

Santa Anna begibt sich nach San Luis Potosi, um die dortige Armee zu reorganisieren.

Oktober

150 Mexikaner schlagen einen Versuch von 400 Amerika-

nern nieder, Los Angeles zurückzuerobern. Südlich von Los Angeles haben Mexikaner derweil die Amerikaner in San Diego eingeschlossen.

06. Oktober

Der Erfinder (Luftdruckbremse) George Westinghouse wird in Central Bridge, New York geboren.

November

Eine Gruppe Auswanderer, die später als die „*Donner-Gruppe*" bekannt wird, wird am Truckee-Pass (später Donner-Pass) in der Sierra Nevada von Tiefschnee eingeschlossen. Wegen der fehlenden Nahrungsmittel kommt es zu Kannibalismus unter den Siedlern. Von 17 Siedlern, die das Lager schließlich am 16. Dezember verlassen, sollten nur zwei Männer und fünf Frauen überleben.

Dezember

Eine 1.000 Mann starke Miliz aus Missouri unter Colonel Alexander William Doniphan (1808-1887) marschiert in das nördliche Mexiko hinein und nimmt nach zwei Gefechten Chihuahua ein. Danach wendet sich Doniphans Truppe zum 700 Meilen entfernten Saltillo.

01. Dezember

Der Archäologe, Anthropologe und Geologe William Henry Holmes wird in Harrison County, Ohio geboren.

06. Dezember

Die amerikanischen Truppen, jetzt vereint mit Kearnys *Army of the West*, die nach der Einnahme von Santa Fe nach Kalifornien marschiert waren, starten einen Großangriff auf San Pasqual, Kalifornien, der jedoch scheitert. Die eingeschlossenen Amerikaner in San Diego durchbrechen daraufhin den Belagerungsring der Mexikaner und vereinen sich danach mit Kearnys Truppe.

27. Dezember

John C. Fremonts California-Bataillon erobert Santa Barbara für die Amerikaner

28. Dezember

Iowa wird als 29. Staat in die Union aufgenommen; Hauptstadt wird Des Moines.

1847

Cyrus Hall McCormick (1809-1884) beginnt in Chicago mit der Fabrikation seiner Mähmaschine (*„McCormick-Reaper"*), die die Landwirtschaft (nach John Deeres

selbstschleifenden Pflug) im mittleren Westen der USA und später in Europa weiter revolutionieren sollte.

Henry Wadsworth Longfellow (1807-1882) veröffentlicht sein Gedicht „*Evangeline*". Der Roman „*Omoo*" von Herman Melville wird veröffentlicht und die Komposition „*Oh! Susanna*" von Stephen Collins Foster (1826-1864) erscheint.

Der Häuptling der nördlichen Cheyenne Two Moons wird geboren.

04. Januar

Samuel Colt (1814-1862) und Samuel Hamilton Walker (1817-1847) setzen im Auftrag des Kriegsministers einen Vertrag über die Lieferung von 1.000 Revolvern an die US-Armee auf. Der Stahl für die Fertigung der Läufe und Trommeln des „*Whitneyville Walker*" wird bei der Firma *Naylor & Company* in Sheffield, England in Auftrag gegeben. Der Stückpreis beträgt 25 Dollar.

08. Januar

Fremont erreicht mit seinen Männern San Fernando.

10. Januar

Brigadegeneral Kearny und der US-Commodore Robert Field Stockton (1795-1866) erobern Los Angeles ohne Widerstand von den Mexikanern zurück.

13. Januar

Der Vertrag von Cahuenga beendet den Mexikanisch-Amerikanischen Krieg in Kalifornien. Am 16. Januar wird John C. Fremont zum ersten Gouverneur des Territoriums Kalifornien ernannt.

19. Januar

Unter dem Einfluss mexikanischer Interessengruppen kommt es bei Taos im New Mexiko-Gebiet zum Aufstand der Pueblo-Indianer unter den Häuptlingen Tomasito und Pablo Montoya. Die Pueblos töten dabei den Stadtpräfekten von Taos, Cornelio Vigel, den Staatsanwalt James W. McLeal, den Sohn des Obersten Bundesrichters, Narcissus Beaubien, sowie den Gouverneur Charles Bent (*1799). Am 03. Februar wird der Aufstand von US-Truppen niedergeschlagen, wobei rund 150 der 650 Pueblo getötet werden.

28. Januar

Eine 18.000 Mann starke Armee unter General Santa Anna beginnt ihren Marsch nach Monterrey, um die Amerikaner wieder aus Mexiko zu vertreiben.

Der US-Senator aus Nebraska (1893-1899) William Vincent Allen wird in Midway, Ohio geboren.

30. Januar

Yerba Buena wird in San Francisco umbenannt.

Februar

Die ersten Rettungskräfte erreichen die Donnergruppe am Truckee See. Viele der Überlebenden bewegen sich an der Grenze zum Irrsinn und im Lager am See hat man sich an den Kannibalismus so gewöhnt, dass Patrick Green als kurze Zwischenbemerkung (neben dem Wetter) in seinem Tagebuch festhält: *„ Mrs. Murphy sagte hier gestern, dass sie wohl mit Milt anfangen würde und ihn essen wird. "* Von den 81 Auswanderern der Donnergruppe überleben lediglich 47 Menschen.

11. Februar

Der Erfinder (Phonograph, Kinofilmkamera, Glühbirne) Thomas Alva Edison wird in Milan, Ohio geboren.

22. bis 23. Februar

In der Schlacht von Bueno Vista oder Schlacht von Angostura werden die Mexikaner unter Santa Anna, Pedro de Ampudia, Manuel Maria Lombardini (1802-1853) und Antonio Canales Rosillo (1802-1852) von General Taylor und Generalmajor John Ellis Wool (1784-1869) erneut geschlagen, wobei 591 Mexikaner getötet und 1.048 verwundet werden. Taylors Verluste betragen 267 Tote sowie 387 Verwundete. Am 24. Februar zieht sich die mexikanische Armee zurück, wobei 800 Verwundete auf dem Schlachtfeld zurückgelassen werden. Als sie später, nach einem 350 km langen Marsch durch die Wüste, wieder San Luis Potosi erreicht, ist sie bereits keine Armee mehr.

01. März

Der Staat Michigan schafft offiziell die Todesstrafe ab.

04. März

Beginn der Legislaturperiode des 30. US-Kongresses.

09. März

Amerikanische Truppen unter General Winfield Scott (1786-1866) landen mit speziellen Booten bei Veracruz, im Süden Mexikos. Die Stadt selber wird dabei von der Schiffs- und Feld-Artillerie unter Feuer genommen und bis zum 24. März belagert, bis die Mauer eine 10 m hohe Lücke aufweist, die schließlich zur Kapitulation der Stadt am 27. März führt. Mit 8.500 Soldaten marschiert Scott am 02. April die steile, gewundene Nationalstraße nach Mexiko City hinauf.

13. März

Der US-Senator aus Alabama (1914-1915) Francis Shelley White wird in Prairie, Mississippi geboren.

18. März

Der US-Senator aus Kentucky (1895-1899) William O'Connell Bradley wird in Garrard County, Kentucky geboren.

19. März

Der Maler Albert Pinkham Ryder wird in New Bedford, Massachusetts geboren.

31. März

Santa Anna, der in Mexiko City dabei ist, eine neue 30.000 Mann starke Armee aufzubauen, erklärt großspurig, dass: „ (...) *die Nation ihren Lebensgeist noch nicht verloren habe und dass er den Schandfleck Veracruz wieder ausradieren werde.* "

16. April

Brigham Young und seine Mormonen verlassen ihr Winterlager bei Council Bluffs im heutigen Nebraska und beginnen weiter nach dem Westen zu ziehen.

17. bis 18. April

Bei Cerro Gordo kommt es zu einem nächsten Gefecht zwischen den Mexikanern unter Santa Anna und den Amerikanern unter General Scott. Die Amerikaner erobern die Atalaya-Höhe und am nächsten Tag auch den Telegrafo-Hügel. Als die Amerikaner den Telegrafo-Hügel hinunterstürmen, bricht schließlich die gesamte mexikanische Front zusammen und die Soldaten ergreifen die Flucht. 3.000 Mexikaner werden gefangen genommen und mehrere tausend getötet oder verwundet. Durch den Sieg bei Cerro Gordo liegt Mexiko City offen für die US-Armee dar.

01. Mai

Der US-Senator aus Mississippi (1845-1847) Jesse Spight (*1795) stirbt in Columbus, Mississippi.

07. Mai

In Philadelphia wird die *American Medical Association* gegründet.

15. Mai

General Scotts Truppen schlagen die Mexikaner bei Pueblo, 130 km vor Mexiko City, erneut.

01. Juli

Die USA stellen ihre ersten beiden Briefmarken aus. Eine Five-Cent-Marke mit dem Bildnis von Benjamin Franklin und eine X-Ten-Cent-Marke mit dem Bildnis von George Washington.

22. Juli

Der US-Senator von Connecticut (1823-1838), Henry Waggaman Edward (*1779), stirbt in New Haven, Connecticut.

24. Juli

Die ersten 148 Mormonen unter Brigham Young erreichen das Salt Lake Valley, was später zur Gründung der Stadt Salt Lake City führt.

06. August

Der US-Senator aus Delaware (1827-1829) Henry Moore Ridgely (*1779) stirbt in Dover, Delaware.

19. August

Die Mexikaner erleiden unter General Gabriel Valencia (1799-1848) bei Contreras eine vernichtende Niederlage gegen General Scotts Soldaten. Dadurch klafft in der rechten Flanke der mexikanischen Armee eine Riesenlücke. Bei Churubusco verliert Santa Anna am nächsten Tag ein Drittel seiner Soldaten und muss nun um einen Waffenstillstand bitten.

05. September

Der Bank-, Postkutschen- und Eisenbahnräuber Jesse Woodson James wird als drittes Kind seiner Eltern Robert

James und Zerelda E. („*Zee*"), geb. Cole in der Nähe von Centerville, Missouri geboren.

23. September

Die Führerin der Frauenrechtsbewegung Victoria Woodhull wird in Homer, Ohio geboren.

29. November

Cayuse-Indianer beginnen im Oregon-Territorium weiße Siedler zu bekämpfen. Eines der ersten Opfer ist der Missionar Marcus Whitman und seine Frau Narcissa. Die Indianer töten acht weitere Weiße und nehmen 51 von ihnen, darunter die Tochter von James Bridger Mary Ann, gefangen. Anschließend brennen die Indianer die Mission nieder und fällen die Obstbäume.

1848

Eine Choleraepidemie tötet in New York ca. 5.000 Menschen.

Der Illinois- und Michigan-Kanal ist fertiggestellt.

Gründung der Universität von Mississippi.

In den USA werden Ganzmetall-Schlittschuhe erfunden.

In Cincinnati wird der erste deutsche Turnverein der USA gegründet.

Die Eisenbahnstrecke von Boston nach New York und die Strecke von Cincinnati nach Sandusky am Eriesee ist fertiggestellt.

Fertigstellung des Colt „*Walker Dragoon*" im Kal. .44 als sechsschüssiger Single-Action-Revolver.

Bei der Wahl zum 31. US-Kongress erhält die Demokratische Partei die Mehrheit in beiden Häusern.

24. Januar

James Wilson Marshall (1810-1885) findet im Mühlbach von Sutters Sägemühle bei Coloma nussgroße Goldnuggets und löst damit letztendlich den großen Goldrausch von Kalifornien aus.

31. Januar

Das Washington Monument wird zu Ehren von George Washington gegründet. Die Steinsäule aus Granit, Marmor und bläulichem Gneis ist mit 169,046 m Höhe (gemessen 2013/2014) die höchste monumentale Säule der Welt und wird (mit Unterbrechungen) 1884 vollendet.

02. Februar

Mit dem Friedensvertrag von Guadelupe Hidalgo endet der Krieg mit Mexiko. Die USA gewinnen große Gebiete hinzu, darunter Texas, New Mexiko, Kalifornien, Nevada, Utah sowie Teile des heutigen Wyomings und Colorados. Der Rio Grande wird die neue Grenze zu Mexiko.

20. Februar

Der Eisenbahnmagnat Edward Henry Harriman wird in Hempstead, New York geboren.

23. Februar

Der 6. US-Präsident (1825-1829) John Quincy Adams (*1767) stirbt in Washington D. C. an einer Hirnblutung.

19. März

Der US-Assistent Marshal, Spieler und Gunfighter Wyatt Berry Stapp Earp wird als viertes von acht Kindern in Monmouth, Illinois geboren.

29. März

Der Gründer der *American Fur Company* Johann „*John*" Jakob Astor (*1763) stirbt in New York City. Er hinterlässt ein Vermögen von ca. 20 Millionen Dollar, die u. a. in Hotels, Schiffsreedereien und Grundstücken in New York City angelegt sind.

03. April

Die *Chicago Board of Trade* wird von 82 Kaufleuten und Geschäftsführern aus Chicago gegründet.

29. April

Der US-Senator aus Arkansas (1844-1848) Chester Ashley (*1790) stirbt in Washington D. C.

10. Mai

Der US-Senator aus Iowa (1910-1911) Lafayette Young wird in Eddyville, Iowa geboren.

19. Mai

Der Vertrag von Guadelupe Hidalgo wird von der mexikanischen Regierung ratifiziert.

29. Mai

Wisconsin wird als 30. Staat in die Union aufgenommen; Hauptstadt wird Madison.

14. bis 15. Juni

Der nationale Wahlkonvent der *Liberty Party* findet in Buffalo, New York statt. Präsidentschaftskandidat Gerrit Smith nimmt das Frauenwahlrecht in das Programm der Partei mit auf.

22. Juni

Die *Barnburners* halten eine Konvention in Utica, New York ab und nominieren Martin Van Buren als ihren Präsidentschaftskandidaten.

19. Juli

Lucretia Mott (1793-1880) und Elizabeth Cady Stanton (1815-1902) halten in der Wesleycan Chapel in Seneca Falls, New York eine Konvention ab und fordern eine Reihe von Rechten für Frauen, darunter das Wahlrecht und das Ende von Diskriminierung bei der Arbeit und in der Erziehung.

09. August

Die *National Democratic Party* hält in Baltimore, Maryland eine Konvention ab.

14. August

Aufgrund des Cayuse-Aufstandes und der instabilen Lage, erklärt der Kongress Oregon zum US-Territorium.

19. August

Im „*New York Herald*" erscheint erstmalig ein Bericht über die Goldfunde in Kalifornien.

17. September

Christian Sharp (1810-1874) erhält ein Patent für sein Sharps-Gewehr „Modell 1849", als einschüssiger Hinterlader mit Fallblockverschluss.

Oktober

Die ersten deutschen Auswanderer der Revolution von 1848 treffen in New York ein und werden von den dort ansässigen Deutschen herzlich empfangen.

25. Oktober

Der US-Senator aus Alabama (1844-1848) Dixon Hall Lewis (*1802) stirbt in New York City.

31. Oktober

General Stephen Watts Kearny stirbt in St. Louis an einer Tropenkrankheit, die er sich in Mexiko zugezogen hat.

02. November

Der US-Senator aus Florida (1897-1907) Stephen Mallory II. wird in Columbia, South Carolina geboren.

07. November

Der US-Senator aus Alabama (1920) und 33. Gouverneur von Alabama (1907-1911) Braxton Bragg Comer wird in

Barbor County, Alabama geboren.

Zachary Taylor wird zum 12. Präsidenten der USA gewählt; Millard Fillmore (1800-1874) wird Vizepräsident.

05. Dezember

Präsident Polk hält eine Rede vor dem Kongress, wobei er ausführt, dass die Goldfunde in Kalifornien wahrscheinlich reichhaltiger sind, als anfangs vermutet.

31. Dezember

Der US-Senator aus Arkansas (1836-1848) Ambrose Hundley Sevier (*1801) stirbt in Little Rock, Arkansas.

1849

Francis Parkman (1823-1893) veröffentlicht den Reiseführer „*The California & Oregon-Trail*."

Walter Hunt (1796-1859) erhält ein Patent für seinen „*Volation Repeater*", ein Repetiergewehr mit einem unter dem Gewehrlauf angebrachten Röhrenmagazin, in dem 18 Geschosse im Kal. .54 passen. Vorläufer der Winchester.

Nativistische Geheimbünde schließen sich im *„Order of the Sprangled Banner"* zusammen. Populär werden die Mitglieder der Partei unter dem Namen *Know Nothings,* da sie zur Auskunftsverweigerung verpflichtet sind. Mitte der 1850er Jahre erhalten sie in mehreren Staaten der Union, vor allem in Massachusetts, dominierenden politischen Einfluss. 1856 ist die Partei auf ihrem Höhepunkt, danach sorgt der Umschwung des nationalen Interesses hin zur Sklavenfrage dafür, dass der Nativismus rasch an Einfluss verliert.

Fertigstellung des Colt-Modells *„Little Dragoon"* im Kal. 31. mit fünfschüssiger Trommel.

Der Waffenhersteller Jacob Hawken (*1786), Bruder von Samuel Hawken (1792-1884), stirbt an der Cholera.

In Texas wird Fort Worth gegründet.

12. Januar

Der US-Senator aus Louisiana (1901-1913) Murphy James Foster wird in Franklin, Louisiana geboren.

29. Januar

Der US-Senator aus Louisiana (1904-1908) Newton Crane Blanchard wird in Rapides Parish, Louisiana geboren.

28. Februar

Der Dampfer *SS California* legt nach einer mühsamen Reise um das Kap Horn mit ersten Goldsuchern an Bord in San Francisco an. Die *California* hatte New York am 06. Oktober 1848 verlassen.

03. März

Das Minnesota-Territorium wird gegründet.

Das Innenministerium (*Department of the Interior*) wird als 6. Ministerium errichtet. Das Büro für indianische Angelegenheiten (BIA) wird dem Innenministerium unterstellt.

Der Kongress verabschiedet das *Gold Coinage Act*, welches das Prägen von Goldmünzen als Zahlungsmittel erlaubt.

04. März

Beginn der Legislaturperiode des 31. US-Kongresses. Am 05. März tritt Zachary Taylor sein Amt als US-Präsident an, da der 04. März auf einen Sonntag fällt und Taylor sich geweigert hatte, sein Amt am Sonntag anzutreten.

07. März

Der Biologe und Pionier der Agrarwissenschaft Luther Burbank wird in Lancaster, Massachusetts geboren.

03. April

Der US-Senator aus Louisiana (1918) Walter Guion wird in Thibodaux, Louisiana geboren.

10. April

Walter Hunt erfindet die Sicherheitsnadel.

19. April

Der Apotheker und Science-Fiction-Autor John Uri Lloyd wird in New York City geboren.

Mai

Etwa 5.000 Planwagen sind auf dem California Trail unterwegs. Hunderte der Auswanderer sterben an Krankheiten, Hunger, der Kälte oder Indianerüberfällen. Tausende andere erreichen jedoch die Goldfelder Kaliforniens.

03. Mai

Nach einem Deichbruch überschwemmt der Mississippi große Teile von New Orleans.

17. Mai

Ein Feuer zerstört große Teile von St. Louis, Missouri. Das Feuer bricht zunächst auf dem Raddampfer „*White*

Cloud aus und steckt danach weitere Flussschiffe und Lastkähne in Brand, bevor das Feuer schließlich auf die Stadt übergreift. Als das Feuer nach elf Stunden endlich gelöscht ist, sind 23 Dampfschiffe, ein Dutzend andere Boote sowie 430 Gebäude ein Raub der Flammen geworden. Drei Menschen, darunter ein Feuerwehrmann werden getötet.

19. Mai

Der Konteradmiral John Hubbard wird in South Berwick, Maine geboren.

10. Juni

Erster amerikanischer Boxmeisterschaftskampf zwischen Jesse „*Yankee*" Sullivan und Tom Hyer (1819-1864) in Maryland. Hyer siegt nach 16 Runden, nachdem Freunde den übel zugerichteten Sullivan aus dem Ring getragen haben.

15. Juni

Der 11. Präsident der USA (*1845) James Knox Polk stirbt in Nashville, Tennessee.

28. Juni

Der Staatsdampfer *Falcon* verlässt mit Goldsuchern an Bord New York in Richtung San Francisco, Kalifornien.

30. Juni

Der US-Senator aus Kentucky (1897-1903) William Joseph DeBoe wird in Crittenden County, Kentucky geboren.

12. Juli

Dolley Madison, geb. Payne (*1768), Frau und First Lady von US-Präsident James Madison (1751-1836), stirbt in Washington D. C.

22. Juli

Die Dichterin Emma Lazarus wird in New York City geboren.

August

Fort William wird eine Garnison der US-Armee mit einer Besatzung von zwei Offizieren und 53 Soldaten. Das Fort wird in Laramie umbenannt und ist ein strategisch wichtiger Stützpunkt entlang des Oregon Trails.

12. August

Der Maler, Lehrer und Naturforscher Abbott Handerson Thayer wird in Boston, Massachusetts geboren.

23. August

Der US-Senator aus Georgia (1914) William Stanley West wird in Bueno Vista, Georgia geboren.

Der Maler Edward Hicks (*1780) (u. a. „*Das friedliche Königreich*") stirbt in Newton, Pennsylvania.

01. September

In Monterey, Kalifornien tritt eine Konvention zusammen, die sich mit der Sklavenfrage im New Mexiko-Gebiet sowie im eigenen Land befasst. Am 13. Oktober wird eine Verfassung angenommen, in der die Sklaverei in Kalifornien und New Mexiko verboten wird.

Ein erstes Teilstück der *Pennsylvania Railroad* von Lewiston bis Harrisburg wird für den Verkehr eröffnet.

03. September

Die Schriftstellerin Sarah Orne Jewett wird in South Berwick, Maine geboren.

07. Oktober

Edgar Allan Poe stirbt im *Washington Medical College* in Baltimore an einer „Stauung des Gehirns." Die genaue Todesursache bleibt jedoch unbekannt. Am 03. Oktober wird Poe vor einem Wahllokal in Baltimore aufgefunden. Er trägt fremde Kleidung und befindet sich im Zustand äußerster Verzweiflung, wobei er nach heftigen Zittern seiner Glieder schließlich in ein Zustand geistiger Verwirrung verfällt. Er wird am 09. Oktober auf dem presbyterianischen Friedhof von Baltimore beigesetzt.

Der Dichter James Whitcomb Riley wird in Greensfield, Indiana geboren.

Dezember

Der kalifornische Kongress nominiert John C. Fremont als ihren US-Vertreter für den Fall, dass Kalifornien ein Unionsstaat wird, was dann zehn Monate später auch geschieht.

01. Dezember

Der kleine Dampfer *Oregon* legt von Panama kommend mit Goldsuchern an Bord im Hafen von San Francisco an.

06. Dezember

Die Frauenrechtlerin Jennie Anderson Froiseth wird in Irland geboren.

Der US-Senator aus Colorado (1913-1921) Charles Spalding Thomas wird in Darien, Georgia geboren.

09. Dezember

Der Rechtsanwalt James Warren Reed wird in Parkersburg, heutiges West Virginia geboren. Einen Namen macht sich Reed später als Gegenspieler von Richter Isaac Charles Parker in Arkansas („Hängerichter Parker"), da er viele Todesurteile Parkers zu Fall bringt.

12. Dezember

Der Pferdezüchter, Erbe und Eisenbahnmagnat William Kissam Vanderbilt wird in New Dorp auf Staten Island, New York City geboren.

19. Dezember

Der Industrielle, Finanzier und Kunstsammler Henry Clay Frick wird in West Overton, Pennsylvania geboren.

20. Dezember

Der Konteradmiral Raymond Perry Rodgers wird in Washington D. C. geboren.

Der US-Senator aus Indiana (1911-1917) John Worth Kern wird in Alto, Indiana geboren.

24. Dezember

In San Francisco bricht ein Feuer aus, das die Zelte und einfachen Hütten von 25.000 Siedlern und Goldsuchern sowie rund 50 festere Gebäude der Innenstadt zerstört. Eine Feuerwehr gibt es bis dato in der Stadt nicht, sie wird erst in späteren Jahren gegründet.

Der Polarforscher Charles Wilkes
(1798-1877)

Comanche-Häuptling Buffalo Hump
(ca. 1790-1870)

US-Präsident William H. Harrison
(1773-1841)

Johann Augustus Sutter
(1803-1880)

Der Schriftsteller Herman Melville
(1819-1891)

US-Präsident John Tyler
(1790-1862)

Der Entdecker John Charles Fremont
(1813-1890)

Mormonenführer Brigham Young
(1801-1877)

Zeitgenössische Darstellung des Council House Fights am 19. März 1840
in San Antonio Texas, bei dem 35 Comanche-Häuptlinge getötet werden.

Das *Manifest Destiny* oder „die göttliche Bestimmung der Amerikaner, den
ganzen nordamerikanische Kontinent in Besitz zu nehmen", führen am Ende
auch zum Krieg mit Mexiko.

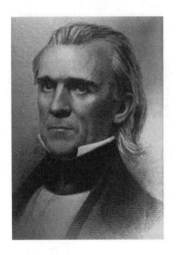

US-Präsident James Knox Polk
(1795-1849)

Der Erfinder Elias Howe, Jr.
(1819-1867)

Die Schlacht von Palo Alto am 08. Mai 1846 war die erste große Auseinandersetzung im Amerikanisch-Mexikanischen Krieg

Brigadegeneral Stephen Watts Kearny
(1794-1848)

Dorothea Lynde Dix
(1802-1887)

Schlacht von Monterrey, Mexiko vom 21. bis zum 24. September 1846

Mit der Einnahme von Mexiko City durch General Winfield Scott endet der
Amerikanisch-Mexikanische Krieg.

Der erste Goldrausch der USA, 1849 in Kalifornien, lockt tausende Goldsucher,
Abenteurer und Aussiedler in den Westen.

1850

„The Scarlett Letter" von Nathaniel Hawthorne wird veröffentlicht. Ralph Waldo Emerson veröffentlicht *„Repräsentative Men."*

In New York wird das *„Harper's New Monthly Magazine"* als reich bebilderte Zeitschrift gegründet.

Die Bevölkerungszahl in den USA beträgt 23.191.876

Der Kongress verabschiedet das *Donation Land Act*, das das zulässige Maß beanspruchten Landbesitzes von 260 kostenlosen Hektar auf 130 Hektar pro Person senkt.

Das Schienennetz der USA beträgt nun 14.400 km.

Die Fabrikation amerikanischer Uhren beginnt in Roxburry, Massachusetts (später: *Waltham Watch Company*).

Allan Pinkerton gründet seine Polizeibehörde, die später in *Pinkerton National Detective Agency* umbenannt wird.

Harriet Tubman (um 1822-1913) gründet die *Underground Railroad*, mit deren Hilfe entflohene Sklaven aus

den Südstaaten in die sklavenfreien Nordstaaten ge-
schleust werden.

Die Universität von Rochester wird in New York gegründet.

Bei der Wahl des 32. US-Kongresses erhält die Demokratische Partei die Mehrheit in beiden Häusern vor der
Whig-Partei.

Januar

„White Jacket" von Herman Melville erscheint in London.

01. Januar

Der US-Marshal und Leutnant der Texas Rangers John
Barclay Armstrong wird in McMinville, Tennessee geboren.

03. Januar

Der US-Marshal Henry Andrew *„Heck"* Thomas wird in
Oxford, Georgia geboren.

29. Januar

Der US-Senator Henry Clay stellt seinen „Kompromiss
von 1850" dem US-Kongress vor. Er umfasst eine Reihe
von Resolutionen zur Beilegung der Differenzen zwi-

schen dem Norden und dem Süden. Danach bleibt 1. Kalifornien sklavenfrei, 2. Errichtung von Territorien aus den restlichen von Mexiko abgetretenen Gebieten ohne Beschränkung der Sklaverei, 3. Festlegung der Grenze zwischen Texas und New Mexiko, 4. Übernahme der von Texas vor der Annexion eingegangenen Schuldverpflichtungen durch die USA, vorausgesetzt, dass Texas seine Ansprüche auf Mexiko aufgibt, 5. Nichteinmischung in die Sklaverei im District of Columbia, 6. Verbot des Sklavenhandels im District of Columbia, 7. Wirkungsvollere Gesetze zur Rückholung geflohener Sklaven, 8. Der Kongress hat keine Befugnisse, in den Sklavenhandel innerhalb der Sklaverei-Staaten einzugreifen. Eine anschließende Debatte vom 05. Februar bis zum 20. September über Clays Resolutionen ist eine der längsten und erbittert geführtesten im Kongress.

15. Februar

Der US-Senator aus Iowa (1908-1926) Albert Baird Cummins wird in Carmichaels, Pennsylvania geboren.

28. Februar

Die Universität von Utah wird in Salt Lake City eröffnet.

07. März

Daniel Webster bekennt sich in seiner Rede für den Kompromiss von 1850 und die Erhaltung der Union um jeden Preis. Er warnt zugleich vor einer Sezession des Südens, die niemals friedlich geschehen könne.

19. März

Die *American Express Company* wird von Henry Wells (1805-1878), William George Fargo (1818-1881) und John Warren Butterfield (1801-1869) gegründet.

28. März

Der 4. und 6. Gouverneur von Mississippi (1825-1826 und 1826-1832) Gerard Brendon (*1788) stirbt in Fort Adams, Mississippi.

31. März

Der US-Senator aus South Carolina (1845-1850) und 7. US-Vizepräsident (1825-1832) John Caldwell Calhoun (*1782) stirbt in Washington D. C.

04. April

Los Angeles wird zur Stadt erhoben, am 15. April folgt ihr San Francisco.

19. April

Im Clayton-Bulver-Vertrag zwischen den USA und Groß-britannien wird eine zukünftige Kanalverbindung zwischen dem Atlantik und dem Pazifik festgelegt (Panamakanal). Außerdem verzichten beide Regierungen auf die

Errichtung eines Herrschaftsgebietes über irgendeinen Teil Mittelamerikas.

24. April

Der US-Senator aus Michigan (1837-1841) John Norvell (*1789) stirbt in Detroit, Michigan.

03. Mai

Der Gunfighter Johnny Ringo wird als John Peters Ringo in Greens Fork, Indiana geboren.

12. Mai

Der Politiker und Historiker Henry Cabot Lodge, Sr. wird in Boston, Massachusetts geboren.

16. Mai

Der US-Senator aus Indiana (1825-1837) William Hendricks (*1782) stirbt in Madison, Indiana.

03. Juni

In Missouri wird die Stadt Kansas City gegründet.

05. Juni

Boxmeisterschaftskampf im Schwergewicht zwischen Thomas „*Tom*" Paddock (um 1822-1863) und William

Thompson. Der Kampf geht zugunsten Thompsons aus, da Paddock wegen grober Unsportlichkeit vom Ringrichter disqualifiziert wird. Es ist zugleich Thompsons letzter Boxkampf.

07. Juli

Der US-Senator aus Illinois (1897-1903) William Ernest Mason wird in Franklinville, New York geboren.

09. Juli

US-Präsident Zachary Taylor stirbt überraschend im Amt und Millard Fillmore (1800-1874) wird zum 13. Präsidenten der USA vereidigt.

19. Juli

Die Journalistin, Literaturkritikerin und Frauenrechtlerin Margaret Fuller (*1810) stirbt bei Fire Island, New York.

09. September

Als Folge des Kompromisses von 1850 werden New Mexiko und Utah formell ein Territorium der USA. Kalifornien wird als 31. Staat in die Union aufgenommen; Hauptstadt wird Sacramento.

18. September

Das *Fugetive Slave Act* legt verschärfte Durchführungs-
bestimmungen über die Einbringung und Rückführung
von entflohenen Sklaven unter Bundesaufsicht fest.

20. September

Das letzte Gesetz des Kompromisses von 1850 hebt ab
dem 01. Januar 1851 den Sklavenhandel im District of
Columbia auf.

29. September

Das *Donation Land Claim Act* wird vom Kongress verabschiedet.

30. Oktober

Der US-Senator aus Michigan (1894-1895) John Patton,
Jr. wird in Curwensville, Pennsylvania geboren.

01. November

In San Francisco brennen abermals über 100 Gebäude ab.
Es ist bereits die dritte Feuersbrunst in diesem Jahr. Der
angerichtete Schaden beläuft sich dabei auf ca. eine halbe
Million US-Dollar.

19. November

Der US-Senator aus Kentucky (1819-1829) und 9. Vizepräsident der Vereinigten Staaten (1837-1841) Richard Mentor Johnson (*1780) stirbt in Frankfort, Kentucky.

14. Dezember

Georgia erkennt den Kompromiss von 1850 an, warnt jedoch davor, das *Fugetive Slave Act* zu ändern oder zu widerrufen.

1851

Isaac Merritt Singer (1811-1875) verbessert die Nähmaschine.

„Moby Dick" von Herman Melville wird veröffentlicht.

Colts Waffenfabrik wird von Patterson, New Jersey nach Hartford, Connecticut verlegt.

Der Historiker Francis Parkman veröffentlicht *„The Conspiracy of Pontiac."*

Ein Friedens- und Freundschaftsvertrag zwischen den Vereinigten Staaten und den Mimbreñjo-Apachen unter Mangas Coloradas wird in Santa Rita del Cobre geschlossen.

Die Stadt Seattle im heutigen US-Bundesstaat Washington wird gegründet.

Die *Western Union Company* wird in Rochester, New York gegründet.

23. Januar

Der Wurf einer Münze entscheidet darüber, ob eine Stadt in Oregon nach Boston, Massachusetts oder Portland in Maine benannt werden soll. Portland macht das Rennen.

24. Januar

Der US-Senator aus Arizona (1912-1921) Marcus Aurelius Smith wird in Cynthiana, Kentucky geboren.

03. Februar

Der 5. Marineminister (1815-1818) Benjamin Williams Crowninshield (*1772) stirbt in Boston, Massachusetts.

25. Februar

Der US-Marshal Christopher „Chris" Madsen wird in Ørstedt, Gemeinde Fünen in Dänemark geboren.

04. März

Beginn der Legislaturperiode des 32. US-Kongresses.

09. April

Siedler aus Taos im New Mexiko-Territorium gründen mit San Luis die älteste ständige Siedlung im heutigen Colorado.

Mai bis August

Ein schweres Hochwasser verursacht im mittleren Westen und im Tal des Mississippi River schwere Schäden.

03. Mai

Der US-Senator aus Mississippi (1838-1839) Thomas Hickman Williams (*1801) stirbt in Pontotoc, Mississippi.

06. Mai

Der Erfinder, Arzt und Wissenschaftler, John Gorrie (1803-1855) erhält das US-Patent Nr.: 8080 für eine Maschine, um Eis zu machen.

21. Mai

Der US-Senator aus Minnesota (1901-1917) Moses Edwin Clapp wird in Delphi, Indiana geboren.

22. Mai

Der jüdische Dramatiker, Journalist, Diplomat und Utopist Mordechai Immanuel Noah (*1785) stirbt in New York City.

29. Mai

Der US-Senator aus Idaho (1891-1897 und 1901-1907) Fred Dubois wird in Palästina, Illinois geboren.

08. Juni

Da die Gesetzlosigkeit in San Francisco immer mehr zunimmt, wird eine Truppe von Vigilanten aufgestellt, um den Schutz der Bürger zu gewährleisten.

06. Juli

Der Elektroingenieur Thomas Davenport (*1802) stirbt in Salisbury, Vermont.

21. Juli

Der Eisenbahn- und Postkutschenräuber Samuel „Sam" Bass wird in Mitchell, Indiana geboren.

August bis September

In der Nähe von Fort Laramie am Horse Creek kommt es zu einer Versammlung von mehreren tausend Indianern,

u. a. der Assiniboine, Dakota, Lakota, Blackfeet, Crow, Shoshonie, Cheyenne und einer weißen Friedensdelegation, an dessen Ende der erste Friedensvertrag von Fort Laramie geschlossen wird, der auch die Grenzen der einzelnen Stämme zueinander neu festlegt.

10. August

Der Gunfighter David Allen *„Mysterious Dave"* Mather wird in Saybrook, Connecticut geboren.

12. August

Der US-Senator aus New Jersey (1907-1913) Frank Obadiah Briggs wird in Concord, New Hampshire geboren.

10. September

Der Minister, Erzieher und Mitbegründer der ersten Schule für Gehörlose in den USA Thomas Hopkins Gallaudet (*1787) stirbt in Hartford, Connecticut.

11. September

Der Ernährungswissenschaftler und Erfinder Sylvester Graham (*1794) stirbt in Northampton, Massachusetts.

14. September

Der Schriftsteller James Fenimore Cooper (*1789) stirbt in Cooperstown, New York.

15. September

Die Universität St. Joseph wird in Philadelphia, Pennsylvania gegründet.

18. September

Die „*New York Times*" wird als „*The New York Daily Times*" gegründet.

24. September

Der US-Senator aus Michigan (1843-1845) Lucius Lyon (*1800) stirbt in Detroit, Michigan.

15. Oktober

Die Stadt Winona, Minnesota wird gegründet.

November

Eine Delegation von 19 Arapahoe,- Cheyenne- und Sioux-Indianern sowie die anderer Stämme besuchen die Hauptstadt Washington. Sie besichtigen die Stadt und treffen auch mit US-Präsident Fillmore zusammen. Die Indianer bleiben bis zum 11. Januar und besuchen auf ihrer Rückreise auch Philadelphia.

14. November

„*Moby Dick*" von Herman Melville wird in New York

veröffentlicht, nachdem das Buch in drei Bänden („*The Whale*") bereits in London am 18. Oktober veröffentlicht wurde.

09. Dezember

Der US-Senator aus Kentucky (1907-1913) Thomas Henson Paynter wird in Vanceburg, Kentucky geboren.

29. Dezember

Der erste Y.M.C.A. („*Young Men's Christian Association*") wird in Boston, Massachusetts eröffnet.

1852

In Baltimore, Maryland wird das *Loyola College* gegründet. In Medford, Massachusetts wird die Tufts-Universität gegründet.

Daniel Baird Wesson (1825-1906) tut sich mit Cortland Palmer und Horace Smith (1808-1893) zusammen, um Feuerwaffen zu fertigen. 1854 gründen sie ihre berühmte Waffenfabrik in Norwich, Connecticut.

Die Städte Philadelphia und Pittsburgh werden durch die Eisenbahn miteinander verbunden.

Henry Wells und William G. Fargo gründen ihr berühmtes Transport- und Dienstleistungsunternehmen.

Bei der Wahl zum 33. US-Kongress erhält die Demokratische Partei die Mehrheit in beiden Häusern.

03. Januar

Der Spieler, Zahnarzt und Gunfighter John Henry „*Doc*" Holliday wird in Griffin, Georgia geboren. Andere Quellen geben den 14. August 1851 als Geburtsdatum an.

14. Februar

Der 7. Gouverneur von Illinois (1838-1842) Thomas Carlin (*1789) stirbt in Carrollton, Illinois.

16. Februar

Die *Studebaker Brothers Manufacturing Company* wird in South Bend, Indiana gegründet.

20. März

In zwei Bänden erscheint erstmalig „*Onkel Toms Hütte*" von Harriet Beecher Stowe (1811-1896) in Boston und erregt landesweites Aufsehen und Interesse.

09. April

Bei der Explosion des Seitenraddampfers *Saluda* auf dem Missouri River oberhalb der Stadt Lexington sterben über 100 Passagiere, etwa dieselbe Anzahl wird in den Fluss gespült. Nur etwa 50 Menschen überleben das bisher schwerste Unglück in der Geschichte der Flussschifffahrt.

19. April

Das Passagierschiff *Pacific* der Collins-Linie gelingt es, den Atlantik in weniger als zehn Tagen zu überqueren.

23. April

70 Männer unter dem Kommando von William H. Dixon töten im Bridge-Gulch-Massaker in Kalifornien ca. 150 Wintu-Indianer als Vergeltung für den Tod von Oberst John Anderson, der jedoch von einer anderen Gruppe der Wintu getötet wurde.

06. Mai

Der US-Senator aus Georgia (1813) William Bellinger Bulloch (*1777) stirbt in Savannah, Georgia.

11. Mai

Der US-Senator aus Indiana (1897-1905) und 26. Vize-präsident der USA (1905-1909) Charles Warren Fairbanks wird in Unionville Center, Ohio geboren.

15. Mai

Luisa Adams, geb. Johnson (*1775), Frau von US-Präsident John Quincy Adams, stirbt in Washington D. C.

23. Mai

Der US-Senator aus Idaho (1903-1912) Weldon Brinton Heyburn wird in der Nähe von Chadds Ford, Pennsylvania geboren.

08. Juni

Der US-Senator aus Connecticut (1837-1843) Perry Smith (*1783) stirbt in New Milford, Connecticut.

17. Juni

Der Reeder, Kaufmann und erster Gouverneur von Maine (1820-1821) William King (*1768) stirbt in Bad, Maine.

29. Juni

Der US-Senator aus Kentucky (1849-1852) Henry Clay (*1777) („Der große Kompromissler") stirbt in Washington D. C.

04. Juli

Frederick Douglass (1817-1895), ein ehemaliger Sklave, hält zum Unabhängigkeitstag in Rochester, New York seine berühmte Rede, in der er die Sklaverei anprangert, sich zugleich aber auch zu den Werten der USA bekennt.

19. Juli

Der US-Senator aus Alabama (1826-1831 und 1837), John McKinley (*1780), stirbt in Louisville, Kentucky.

03. August

Erstes Bootsrennen zwischen den Universitäten Yale und Harvard auf dem Lake Winnipesaukee, New Hampshire. Das Boot von Harvard siegt.

14. August

Margaret Taylor, geb. Smith (*1788), Frau von US-Präsident Zachary Taylor, stirbt in Pascagoula, Mississippi.

04. Oktober

Der US-Senator aus Indiana (1849-1852) James Whitcomb (*1795) stirbt in New York City.

24. Oktober

Der US-Senator aus Massachusetts (1827-1841) und US-Außenminister (1841-1843) Daniel Webster (*1782) stirbt in Marshfield, Massachusetts.

02. November

Der aus New Hampshire stammende Franklin Pierce (1804-1869) besiegt Winfield Scott und wird zum 14. Präsidenten der USA gewählt; Vizepräsident wird William Rufus DeVane King (1786-1853).

09. Dezember

Die ersten Passagiere fahren mit der Lokomotive *Pacific* an dem zwei Wagen angehängt sind, von St. Louis zum 8 km nach Westen hin gelegenen Cheltenham.

1853

Die Wheaton-Akademie wird in Chicago, Illinois gegründet.

Bei dem Yontoket- oder Burnt-Ranch-Massaker werden ca. 450 Tolowa-Indianer in Kalifornien durch eine Bürgermiliz aus Crescent City niedergemetzelt.

Durch den Zusammenschluss von zehn kleineren Eisenbahnlinien kommt es zur Gründung der *New York Central Railroad Company.*

Der spätere Bürgerkriegsgeneral William Tecumseh Sherman (1820-1891) wird in Kalifornien Direktor einer Privatbank.

Im Sommer führt Captain Amiel Weeks Wipple (1818-1863) eine 60 Mann starke Expedition in den Südwesten der USA, um die Trasse für eine südliche Eisenbahnlinie zu erkunden. Der deutsche Schriftsteller, Maler und Forschungsreisende Balduin Heinrich von Möllhausen (1825-1905) begleitet die Expedition, wobei er Skizzen von den dort lebenden Indianern anfertigt.

Eine Kopie des Londoner *Crystal Palace* wird zur Städte der ersten „Weltausstellung" Amerikas in New York City. Drei Jahre später wird das Gelände für den Central Park gekauft.

Frank Queen gründet die Unterhaltungszeitschrift *„The New York Clipper."*

01. Januar

Der US-Senator aus Delaware (1907-1913) Harry Alden Richardson wird in Camden, Delaware geboren.

06. Januar

Bei einem Zugunglück in der Nähe von Andover, Massachusetts wird der 11-jährige Sohn von US-Präsident Pierce Benjamin *„Bennie"* Pierce getötet, als eine der Achsen bricht und der Waggon entgleist.

06. Januar

Der US-Senator aus Michigan (1923-1928) und 28. Gouverneur von Michigan Woodbridge Nathan Ferris wird in Spencer, New York geboren.

19. Januar

Der US-Senator aus Kalifornien (1893-1899) Stephen Mallory White wird in San Francisco, Kalifornien geboren.

16. Februar

Der US-Senator aus Colorado (1909-1911) Charles James Hughes, Jr. wird in Kingston, Missouri geboren.

02. März

Das Washington-Territorium wird aus einem Teil des Oregon-Territoriums gebildet; Hauptstadt wird Seattle, benannt nach dem gleichnamigen Häuptling der Duwamish.

04. März

Beginn der Legislaturperiode des 33. US-Kongresses; Franklin Pierce tritt sein Amt als Präsident der Vereinigten Staaten an.

04. März

Der US-Senator aus Georgia (1897-1910) Alexander Stephen Clay wird in Powder Springs, Georgia geboren.

05. März

Der deutsche Einwanderer Heinrich Engelhardt Steinweg (Henry Engelhard Steinway 1797-1871) und seine Familie gründen in Manhattan die Klavierfirma *Steinway & Sons*.

30. März

Abigail Fillmore, geb. Powers (*1798), Frau von Ex-Präsident Millard Fillmore, stirbt in Washington D. C.

04. April

Die *St. Lawrence & Atlantic Railroad* nimmt den regelmäßigen Bahnbetrieb zwischen Montreal und Portland, Maine auf.

18. April

Vizepräsident William R. King stirbt an der Tuberkulose. Sein Amt bliebt bis zum März 1857 vakant, danach wird John Cabell Breckinridge (1821-1875) neuer Vizepräsident der Vereinigten Staaten.

Mai

Eine Gelbfieberepidemie tötet in New Orleans 7.790 Menschen.

02. Mai

Der US-Senator aus Illinois (1818-1829) Jesse Burgess Thomas (*1777) stirbt in Mount Vernon, Ohio.

06. Mai

Bei einem Zugunglück bei Norwalk, Connecticut werden 48 Menschen getötet, als ein Zug der *New York & New Haven Railroad* bei einer geöffneten Zugbrücke in den Fluss stürzt.

26. Mai

Der Spieler und Gunfighter, John Wesley „*Wes*" Hardin, wird auf einer Farm in der Nähe von Bonham, Texas geboren.

Juli

Durch den Vertrag von Fort Atkinson, Kansas wird versucht, die Beziehungen zu den südlichen Cheyenne, Arapahoe, Kiowa, Kiowa-Apachen und Comanchen zu verbessern. Es ist der Gegenpart zum ersten Laramie-Vertrag mit den nördlichen Plains-Stämmen.

01. Juli

Das Latting-Observatorium wird in New York City eröffnet.

08. Juli

Commodore Matthew Cailbraith Perry erreicht mit einer Flotte die Edo-Bucht in Japan, um dort erste diplomatische- und Handelsbeziehungen mit dem Land aufzunehmen.

25. Juli

Der berüchtigte mexikanische Bandit Joaquin Murrieta (*1829) wird in der Nähe von Coalinga, Kalifornien von einer Gruppe Rangers getötet.

30. Juli

Zwischen der US-Regierung und den Jicarilla-Apachen wird ein Friedensvertrag unterzeichnet.

24. August

George Crum (1824-1914) erfindet in Saratoga, New York die Kartoffelchips.

05. September

Der US-Senator aus Mississippi (1830-1835) und zweiter

Gouverneur von Mississippi (1820-1822) George Poindexter (*1779) stirbt in Jackson, Mississippi.

04. Oktober

Die *Great Republik*, der größte Viermast-Clipper der Welt mit einer Länge von 102 m, wird in Boston, Massachusetts vom Stapel gelassen. Das Schiff wird im Jahre 1872 außer Dienst gestellt.

15. Oktober

Der Arzt, Journalist, Rechtsanwalt und Söldner William Walker (1824-1860) zieht mit 45 Mann nach Mexiko um dort die Kolonien Baja California und Sonora zu erobern, um aus Ihnen eine Republik zu machen, was am Ende scheitert. Später wird Walker Präsident der Republik Nicaragua (1856-1857), bevor er am 12. September 1860 in Honduras als Renegat standrechtlich erschossen wird.

15. November

Der US-Senator aus New Hampshire (1843-1849 und 1853) Charles Gordon Atherton (*1804) stirbt in Manchester, New Hampshire.

26. November

Der Spieler, Gunfighter und US-Marshal Bartholemew William Barclay „*Bat*" Masterson wird in Henryville, Quebec, Kanada geboren.

25. Dezember

Durch den Besuch des katholischen Erzbischofs Gaetano Bedini, kommt es in Cincinnati, Ohio zu einer Demonstration von deutschen Bewohnern gegen Bedini im Speziellen und das Papsttum im Allgemeinen. Es folgt eine wüste Schlägerei mit der städtischen Polizei, in deren Folge zwei Beamte und 15 Deutsche verletzt werden, einer von ihnen sogar tödlich. 60 weitere werden verhaftet.

30. Dezember

Der amerikanische Botschafter James Gadsen (1788-1858) unterzeichnet den Gadsen-Kaufvertrag, in dem Mexiko rund 77.000 km² Land südlich des Gila-Flusses und westlich des Rio Grande an die USA abtreten, um den geplanten Eisenbahnbau im Südwesten zu ermöglichen.

1854

John Simpson Chisum (1824-1884) treibt als erster Rancher einer Rinderherde aus Texas heraus nach Shreveport, Louisiana.

Der Chiricahua-Häuptling Chato wird geboren.

Rund 428.000 Emigranten wandern in die USA ein, davon alleine 13.000 Chinesen, die hauptsächlich Arbeit beim Eisenbahnbau finden.

Das Kriegsministerium unter Jefferson F. Davis beginnt die Armee umzuorganisieren. Das Korps der Topografie-Ingenieure erhält nun den Namen: „Büro für Erkundung und Erforschung des Westens." Zwischen 1854 und 1860 werden jedoch nur wenige Expeditionen durchgeführt.

Im Kansas-Territorium wird die Stadt Topeka gegründet.

Im heutigen Nebraska wird die Stadt Omaha gegründet. Sie wird später Ausgangspunkt der 1869 fertiggestellten transkontinentalen Eisenbahnlinie vom Osten nach Westen bis zur „Hochzeit der Schienen" bei Promotory Point in Utah.

Chicago und St. Louis werden durch die Eisenbahn miteinander verbunden.

Bei der Wahl zum 34. US-Kongress erhalten die Demokraten im Senat die Mehrheit, während die Republikaner die Mehrheit im Repräsentantenhaus bekommen.

Die *Waterbury Clock Company* wird in Connecticut gegründet. Sie ist Vorgänger der modernen *Timex Group USA*, Hersteller von Uhren.

Samuel Colt lässt sich unter Mithilfe von William Elley eine Papierpatrone patentieren.

Bei dem Achulet-Massaker in der Nähe von Lake Earl im Klamath County, Kalifornien werden mehr als 65 Tolowa-Indianer von weißen Siedlern massakriert.

04. Januar

Der Senator von Illinois Stephen Arnold Douglas (1813-1861) bringt eine Gesetzesvorlage über die Schaffung des Kansas- und Nebraska-Territoriums in den Kongress ein, in denen die Entscheidung im Bezug auf die Sklavenfrage der Bevölkerung überlassen wird.

18. Januar

Der US-Senator aus Georgia (1852-1853) Robert Milledge Charlton (*1807) stirbt in Savannah, Georgia.

24. Januar

In der „*New York Daily Times*" erscheint ein Artikel, unterzeichnet von den Senatoren Charles Sumner aus Massachusetts und Salmon Portland Chase aus Ohio, in der die Vorschläge von Douglas als Verschwörung der Sklavenhalter angeprangert werden. Dieser Artikel bildet später das Manifest einer neuen politischen Gruppierung - der Republikanischen Partei.

07. Februar

Der Pelztierhändler Thomas Fitzpatrick (*1799) stirbt in Washington D. C. an einer Lungenentzündung.

14. Februar

New Orleans und Marshall, Texas werden durch eine Telegrafenlinie miteinander verbunden.

28. Februar

Das US-Handelsschiff *Black Warrior*, das auf dem Weg nach New York hin unterwegs ist, wird in Havanna, Kuba von spanischen Behörden widerrechtlich festgehalten, was die Beziehungen zwischen den beiden Nationen belastet.

Anhänger der Whig Partei, der *Free Soilers* und Teile der Demokraten, die gegen die Sklaverei sind, treffen sich in Ripon, Wisconsin, wo man die Gründung einer neuen Partei - die der Republikaner - vorschlägt, um die Ausbreitung der Sklaverei, vor allem in den Nordwesten der USA, zu verhindern. Am 20. März wird die Republikanische Partei gegründet.

März

Das *Kansas-Nebraska-Act* wird vom Kongress angenommen. Die Anhänger der Sklaverei jubeln. Die Gegner der Sklaverei im Norden und die Anhänger der Free Soilers im Nordwesten der USA betrachten das Gesetz als Verrat an dem Missouri-Kompromiss von 1820 und als einen Versuch, die Sklaverei in den Nordwesten „einzuschmuggeln." In den größeren Städten der USA finden wütende Massenkundgebungen statt und Stephen Arnold

Douglas wird dabei als moderner „Judas" angeprangert.

14. März

Der 27. Gouverneur von Indiana (1909-1913) und 28. Vizepräsident der USA (1913-1921) Thomas Riley Marshall wird in North Manchester, Indiana geboren.

20. März

Die *Boston Public Library* wird eröffnet.

30. März

In der Schlacht von Cieneguilla in der Nähe von Pilar, New Mexiko, wird eine Einheit der 1. US-Dragoner unter Leutnant John Wynn Davidson (1825-1881) von rund 300 Ute und Jicarilla-Apachen besiegt, wobei 22 der 60 Soldaten getötet und weitere 36 verwundet werden.

31. März

Commodore Matthew Perry (1794-1858) unterzeichnet den Vertrag von Kanagawa mit der japanischen Regierung und öffnet die Häfen von Shimoda und Hakodate für die amerikanische Handelsschifffahrt.

01. April

Fort Craig wird im New Mexiko-Territorium errichtet.

16. April

Das Emigrantenschiff *Powhatan* sinkt nach einem Sturm bei Beach Haven vor der Küste New Jerseys, wobei zwischen 200 und 365 Auswanderer aus Deutschland sowie die Besatzung ums Leben kommen.

Mai

Elisha Otis (1811-1861) führt bei der New Yorker Weltausstellung öffentlich seinen Sicherheitsaufzug vor.

22. Mai

Der Hochschullehrer und US-Diplomat Jacob Gould Schurmann wird auf Prince Edward Islands, Kanada geboren.

30. Mai

Das *Kansas-Nebraska-Act* wird vom Kongress verabschiedet.

09. Juni

Der US-Senator aus Colorado (1913-1919) John Franklin Shafroth wird in Fayette, Missouri geboren.

10. Juni

Die ersten Kadetten graduieren an der *US Naval Acade-*

my in Annapolis, Maryland.

04. Juli

Der US-Marshal William „*Bill*" Tilghman wird bei Fort Dodge, Kansas-Territorium geboren.

06. Juli

In Jackson, Michigan kommt es zu einer ersten Versammlung der Republikanischen Partei. Das Programm sieht u. a. die Aufhebung des *Kansas-Nebraska-* sowie des *Fugetive Slave Acts* vor.

08. Juli

Bei einem antikatholischen Aufruhr in Bad, Maine wird eine Kirche zerstört, die von katholischen Iren besucht wird.

12. Juli

Der Erfinder der Kodak-Kamera George Eastman wird in Waterville, New York geboren.

13. Juli

Als Reaktion von Angriffen auf amerikanisches Eigentum und Besteuerung von amerikanischen Schiffen auf dem Weg nach Kalifornien, beschießt die Sloop *USS Cyane* die Stadt Greytown (San Juan del Norte) an der Mosquito

Coast, die unter britischen Protektorat steht. Die Stadt wird dabei völlig zerstört.

30. Juli

Der US-Senator aus Mississippi (1911-1923) John Sharp Williams wird in Memphis, Tennessee geboren.

August

Bei einer Kesselexplosion auf dem Seitenraddampfer *Timour* in der Nähe von Jefferson City, Mississippi werden der Kapitän, der Steuermann und der Schiffsjunge getötet. Die meisten Passagiere entkommen dem Unglück, weil sie gerade am Ufer am Blumen pflücken sind. Auch als der Schiffssafe wie eine riesige Kanonenkugel mitten zwischen ihnen landet, wird wie durch ein Wunder niemand verletzt.

09. August

„Walden - or Life in the Woods" von Henry David Thoreau (1817-1862) wird veröffentlicht. Es findet jedoch erst nach seinem Tode nationale Bedeutung.

14. August

Der US-Senator aus Louisiana (1847-1853) Solomon Wheathersbee Downs (*1801) stirbt in Lincoln County, Kentucky.

18. August

Der 18. Gouverneur von Arkansas (1895-1897) und US-Senator aus Arkansas (1903-1916) James Paul Clarke wird in Yazoo City, Mississippi geboren.

19. August

Nach einem unprovozierten Angriff auf ein Lager der Brulé-Sioux am Shell River, in der Nähe von Fort Laramie, bei dem der Häuptling Conquering Bear getötet wird, wird eine Abteilung von 31 Soldaten unter dem Kommando von Leutnant John Lawrence Grattan (*1830) vollständig von den Indianern aufgerieben. Beginn der Sioux-Kriege, mit Unterbrechungen bis 1890.

21. August

Der US-Senator aus Delaware (1824-1827 und 1837-1847) Thomas Clayton (*1777) stirbt in New Castle, Delaware.

29. August

Der US-Senator aus Mississippi (1832-1838) John Black (*1800) stirbt in Winchester, Virginia.

27. September

Das amerikanische Passagierschiff *Arctic* rammt im Nebel vor den Neufundlandbänken den Dampfer *Vesta* und sinkt als Wasser in den Maschinenraum eindringt. Von den 233 Passagieren und den 175 Besatzungsmitgliedern gelingt es nur 86 sich in Booten an Land zu retten oder von anderen Schiffen aufgenommen zu werden. 322 Menschen ertrinken, darunter auch die Frau und beide Kinder des Reeders und Schiffseigentümers Edward Knight Collins (1802-1878). Vor der Küste von Venezuela sinkt nur einen Tag später die amerikanische Sloop *USS Albany*, wobei 197 Menschen ums Leben kommen.

Oktober

Andrew Horatio Reeder (1807-1864) wird der erste Gouverneur des Kansas-Territoriums. Seine Amtszeit ist jedoch nur von kurzer Dauer. Nicht weniger als sechs Gouverneure wechseln zwischen 1854 und 1860 ihr Amt.

07. Oktober

In Texas wird Fort Davis gegründet.

08. Oktober

Der US-Senator aus Connecticut (1831-1837) Gideon Tomlinson (*1780) stirbt in Fairfield, Connecticut.

09 bis 11. Oktober

In Ostende, Belgien treffen sich die drei Außenminister Pierre Soule (1801-1870), John Young Mason (1799-1859) und James Buchanan (1791-1861), um eine Politik zum Erwerb von Kuba von Spanien festzulegen. Das aus der Verhandlung hervorgehende *Ostende-Manifesto* erklärt Kuba für unerlässlich für die Sicherheit der Sklaverei in den USA und es müssen daher alle Anstrengungen für dessen Kauf oder gewaltsame Annexion unternommen werden.

16. Oktober

Abraham Lincoln spricht sich in seiner Rede in Peoria, Illinois gegen das *Kansas-Nebraska-Act* und gegen die Sklaverei in den Vereinigten Staaten aus.

26. Oktober

Der Erfinder und Nahrungsmittelhersteller (Frühstücksgetreide) Charles William „*C. W.*" Post wird in Springfield, Illinois geboren.

31. Oktober

Der Indianer-Fotograf und Fotograf des Westens Laton Alton Huffman wird in Winneshiek County, Iowa geboren.

November

Gründung der *American Party*. Sie besteht bis zum Jahre 1856, dann löst sie sich wegen der Uneinigkeit in der Sklavenfrage wieder auf. Die meisten ihrer Anhänger schließen sich dann der Republikanischen Partei an.

06. November

Der Komponist und Dirigent („*Stars and Stripes For-ever*") John Philip Sousa wird in Washington D. C. geboren.

09. November

Die Mitbegründerin und stellvertretende Direktorin des ersten privaten Waisenhauses in New York City und Frau des Gründungsvaters Alexander Hamilton (1755-1804) Elizabeth Schuyler stirbt in Washington D. C.

13. November

Der Komponist George Whitefield Chadwick wird bei Lowell, Massachusetts geboren.

16. Dezember

Der US-Admiral Austin Melvin Knight wird in Ware, Massachusetts geboren. Sein 1901 erscheinendes Lehrbuch „*Modern Seamanship*" wird ein Standartwerk der Marine für über acht Jahrzehnte.

25. Dezember

Die Golfplatz-Architektin (Springhaven C.C.G. in Wallingford, Pennsylvania), Ida Elizabeth Dixon, geb. Gilbert, wird in Philadelphia, Pennsylvania geboren.

28. Dezember

Der US-Senator aus Kentucky (1841-1847) James More-head (*1797) stirbt in Covington, Kentucky.

1855

Der Chiricahua-Häuptling und Sohn von Cochise Naiche (Natchez, Na'che) wird geboren.

Mit den Blackfeet und den Gros Ventre wird der Friedensvertrag von Judith River abgeschlossen.

Das *Elmira College*, auf dem auch Frauen einen akademischen Titel erwerben können, wird in New York gegründet.

Die Mescalero-Apachen erleiden in der Schlacht von Penasco im New Mexiko-Territorium eine empfindliche Niederlage gegen eine Einheit US-Dragoner.

Samuel Colt führt eine Blechfolienpatrone ein.

Im Vertrag zwischen den Flatheads unter dem Häuptling

Charlot und Gouverneur Isaac Stevens (1818-1862) bei Hell Gate, Missoula, verzichten erstere in dem nachträglich gefälschten Vertrag auf ihre Besitzansprüche auf das Bitterroot Valley. Ende Januar schließt Stevens bei Point Eliott im Washington-Territorium einen Vertrag mit den Duwamish ab, der die Umsiedlung der Indianer in ein kleines Reservat nördlich von Seattle vorsieht.

Beginn des 3. Seminole- sowie Yakima-Krieges.

05. Januar

Der Erfinder der Rasierklinge King Camp Gillette wird in Fond du Lac, Wisconsin geboren.

23. Januar

Der Waffenhersteller John Moses Browning wird in Ogden, Utah-Territorium geboren.

Eröffnung der ersten Brücke über den Mississippi River beim heutigen Minneapolis, Minnesota.

12. Februar

Die *Michigan State University* wird gegründet.

15. Februar

Der Kongress führt den den Rang eines Brevet Generalleutnants ein. Er wird sofort Winfield Scott verliehen.

22. Februar

Die *Pennsylvania State University* wird gegründet.

23. Februar

Der US-Senator aus Oregon (1907-1913) Jonathan Bourne, Jr. wird in New Bedford, Massachusetts geboren.

Im Westen kommt es zur ersten großen Konzernpleite, als die *Adams & Company Bank* zahlungsunfähig wird. Abenteuerliche Spekulationen mit weit im Osten der USA bauenden Eisenbahngesellschaften schlagen fehl und das Adams-Express-Imperium stürzt wie ein Kartenhaus in sich zusammen.

26. Februar

Das US-Schiff *Marathon* entdeckt den Dreimaster *James B. Chester*, der ziellos, ohne Mannschaft aber mit gesetzten Segeln in der Sargassosee (Karibik) treibt. Die Ladung ist intakt und die Rettungsboote befinden sich an ihren Plätzen. Jedoch fehlen der Kompass und die Schiffspapiere.

3. März

Der US-Kongress bewilligt die Summe von 30.000 Dollar für die Aufstellung eines Kamel-Korps in der Armee. Es wird 1856 aufgestellt und nach dem amerikanischen Bürgerkrieg auch schon wieder aufgelöst, wobei die verbleibenden Tiere an Privatpersonen verkauft werden.

Die US-Armee gründet das 1. (Edwin Mose Sumner, Joseph Eggleston Johnston) und das 2. Kavallerieregiment (Albert Sidney Johnston, Robert Edward Lee).

04. März

Beginn der Legislaturperiode des 34. US-Kongresses.

16. März

Abolitionisten gründen das *Bates College* in Lewiston, Maine.

25. März

Der US-Senator aus Michigan (1848-1849) Thomas Fitzgerald (*1796) stirbt in Niles, Michigan.

28. März

Der US-Senator aus Virginia (1841-1847) William Seger Archer (*1789) stirbt in Amelia County, Virginia.

30. März

Im Kansas-Territorium finden die ersten Wahlen statt. Bewaffnete Border Ruffians (Sklaverei-Anhänger) aus Missouri überqueren in großer Zahl die Grenze, um die Wähler mit Waffengewalt unter Druck zu setzen, ihr Kreuz „an die richtige Stelle" zu setzen.

April

Bei dem Cincinnati-Aufstand von 1855 treffen Nativisten und Deutsch-Amerikaner aufeinander. Der Aufstand endet in einer Niederlage der Nativisten und bedeutete das Ende der *Know-Nothing Party* in der Stadt.

03. April

Rollin White (1817-1892), Angestellter bei Samuel Colt, lässt sich einen Repetierrevolver mit zylindrisch durchbohrter Trommel und einem zusätzlichen Magazin patentieren, nachdem Colt kein Interesse an Whites Erfindung zeigt.

07. Mai

Der US-Senator aus Georgia (1843-1848) Walter Terry Colquitt (*1799) stirbt in Macon, Georgia.

17. Mai

Das Berg Sinai-Krankenhaus wird in New York City gegründet. Es öffnet am 05. Juni seine Türen für die ersten Patienten.

Juni

Die Firma *Volcanic Repeating Arms Company* wird gegründet. Sie setzt die Produktion der Maschinenpistolen fort, die dort von Smith & Wesson hergestellt wurden. Daniel B. Wesson, Horace Smith und Cortland Palmer lassen sich ihre Waffenfirma mit Sitz in New Haven, Connecticut im Juli ins Handelsregister eintragen.

2. Juni

Als Reaktion auf das Verbot des Genusses und der Herstellung von Alkohol in Maine, kommt es in Portland zu einem bewaffneten Aufstand, bei dem ein Mensch getötet und sieben weitere verwundet werden.

14. Juni

Der US-Senator aus Wisconsin (1906-1925) Robert Marion La Follette, Sr. wird in Pimrose, Wisconsin geboren.

29. Juni

Der Arzt, Wissenschaftler und Erfinder John Gorry (*1803) stirbt in Apalachicola, Florida.

01. Juli

Zwischen Gouverneur Isaac Stevens und den Quinault sowie Quileute wird ein Vertrag unterzeichnet, der die Indianer in ein Reservat umsiedelt.

04. Juli

Die Gedichtsammlung *„Leaves of Grass"* von Walt Whitman erscheint in New York City.

16. Juli

Unterzeichnung des Vertrages von Helgate zwischen Gouverneur Isaac Stevens und den Indianerstämmen im westlichen Montana, darunter die der Kutenai, Pent d´Oreille und Bitterroot Salish, über die Abtretung des Bitterroot Valleys.

20. Juli

Der Botschafter in Argentinien (1915-1921) Frederick Jessup Stimson wird in Dedham, Massachusetts geboren.

August

Abraham Lincoln schreibt an einen Freund: *„ Wir haben unseren Weg als Nation mit der Erklärung begonnen, dass alle Menschen gleich geschaffen sind. Heute deuten wir das so, dass alle Menschen gleich geschaffen sind, außer den Negern. Und bald werden wir es so deuten, dass alle Menschen gleich sind, außer den Negern, Ausländern und Katholiken. Wenn es soweit kommt, möchte ich lieber in ein Land auswandern, das gar nicht erst den Anspruch erhebt, die Freiheit zu lieben - nach Russland* *etwa, wo der Despotismus in Reinform herrscht, ohne die Beimischung von Heuchelei. "*

06. August

Ein protestantischer Mob greift irische Katholiken am Wahltag in Louisville, Kentucky an und tötet dabei 22 Menschen.

02. September

Der US-Senator aus Georgia (1911-1920) Michael Hoke Smith wird in Newton, North Carolina geboren.

03. September

600 US-Soldaten unter Brigadegeneral William Selby Harney (1800-1889) greifen ein Dorf der Brulé-Sioux unter Häuptling Little Thunder am Blue Water Creek (Ash Hollow), Nebraska an und töten dabei 86 Indianer, während 70 weitere Frauen und Kinder, darunter auch Spotted Tail (1823-1881) gefangen genommen werden.

Oktober

Durch die kursierenden Gerüchte, dass ein Angriff von feindlichen Yakima- und Klikitat-Indianern auf den Ort Seattle im Washington-Territorium stattfinden könnte, schickt die Navy die Sloop *USS Decatur* in die Eliott Bay bei Seattle. Am 05. Oktober kommt es im Yakima River Valley zu einem ersten Gefecht mit den US-Soldaten.

24. Oktober

Der 27. Vizepräsident der USA (1909-1912) James Schoolcraft Sherman wird in Utica, New York geboren.

28. Oktober

Bei der ersten Fidschi-Expedition schickt die Navy die *USS John Adams* nach Viti Levu, Fidschi, um dort die amerikanischen Interessen zu schützen. Bei einer Auseinandersetzung mit Einheimischen wird ein Seemann getötet und zwei weitere verwundet.

01. November

Beim Gasconade-Bridge-Zugunglück in Missouri werden 31 Passagiere getötet und 70 weitere verwundet, als die Brücke unter dem Gewicht des Zuges und seiner Waggons zusammenbricht.

02. November

Abolitionisten verabschieden in Kansas die Topeka-Verfassung.

05. November

Der Gewerkschaftsführer Eugene Victor „Gene" Debbs wird in Terre Haute, Indiana geboren.

09. bis 10. November

Schlacht bei Union Cap im Washington-Territorium zwischen 600 US-Soldaten unter Major Gabriel James Rains (1803-1881) und 300 Yakima unter Häuptling Kamiakin (1800-1877) die jedoch relativ unblutig verläuft. Die Yakima müssen sich am Ende zurückziehen.

20. November

Der Philosoph Josiah Royce wird in Grass Valley, Kalifornien geboren.

21. November

Im Wakarusa River Valley und bei Lawrence kommt es zu Scharmützeln zwischen Anhängern und Gegnern der Sklaverei. Am 01. Dezember beginnt die Belagerung von Lawrence, das von John Brown (1800-1859) und James Henry Lanes (1814-1866) Free-State-Miliz verteidigt wird. Am 09. Dezember endet der Konflikt, ein Angriff auf die Stadt findet nicht statt.

Dezember

Bei der bis dahin längsten und umstrittensten Wahl zum Parlaments-Präsidenten gibt es bis zu 21 Kandidaten und 133 Wahlgänge, bis im Februar 1856 schließlich Nathaniel Prentiss Banks (1816-1894) von der *American Party* zum Sprecher gewählt wird.

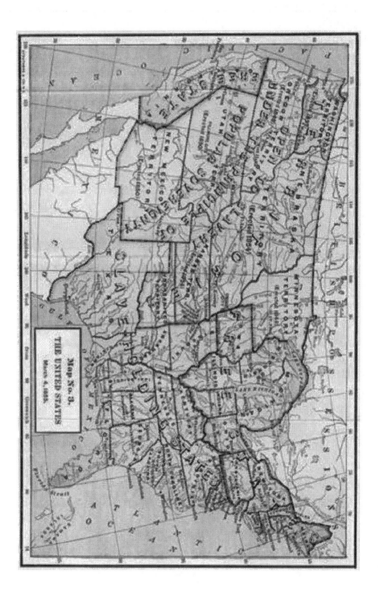

Map No. 3.
THE UNITED STATES
March 4, 1855.

94

10. Dezember

Der radikale Arbeiteraktivist und Zeitungsredakteur August Vincent Theodore Spies wird in Burg Landeck in der Rhön, Hessen geboren. 1886 wird Spies wegen der Beteiligung am Bombenanschlag auf dem Haymarket Square in Chicago zum Tode verurteilt und hingerichtet. 1893 wird das Urteil jedoch wegen Mangels an Beweisen nachträglich annulliert.

15. Dezember

Die Topeka-Verfassung wird ratifiziert.

1856

John Charles Fremont wird von der Republikanischen Partei als Präsidentschaftskandidat aufgestellt.

Gail Borden (1801-1874) erhält ein Patent über ein Verfahren zur Herstellung von Kondensmilch.

„Benito Cerano" von Herman Melville wird veröffentlicht.

Bei der Wahl zum 35. US-Kongress erhält die Demokratische Partei die Mehrheit in beiden Häusern. Die Republikanische Partei etabliert sich zur zweiten Größe in der Parteienlandschaft.

01. Januar

Der US-Senator aus Georgia (1841-1852) John McPherson Berrien (*1781) stirbt in Savannah, Georgia.

07. Januar

Der Landschaftsmaler Charles Harold Davis wird in Amesbury, Massachusetts geboren.

08. Januar

Die Journalistin, Botanikerin und Malerin Elizabeth Taylor wird in Columbus, Ohio geboren.

09. Januar

Die Dichterin Lizette Woodworth Reese wird in Baltimore, Maryland geboren.

12. Januar

Der Porträtmaler John Singer Sargent wird in Florenz in der Toscana geboren.

15. Januar

Die Abolitionisten wählen ihren eigenen Gouverneur und die Legislative nach der Topeka-Verfassung.

16. Januar

Der Naturforscher Thadeus William Harris wird in Dorchester, Massachusetts geboren.

23. Januar

Das amerikanische Passagierschiff *Pacific* läuft mit 45 Passagieren und 141 Besatzungsmitgliedern von Liverpool aus und bleibt seitdem verschollen. Das Schiff wird wahrscheinlich das Opfer von Eisbergen, die laut Aussage von anderen Seeleuten wie ein schwimmender Kontinent in den Nordatlantik eingedrungen sind.

24. Januar

Präsident Pierce verurteilt in einer Kongressbotschaft die Topeka-Verfassung als einen Akt der Rebellion und erkennt lediglich die Pro-Sklaverei-Legislative des Kansas-Territoriums an.

26. Januar

Yakima- und Klikitat-Indianer greifen den Ort Seattle im Washington-Territorium an, während die *USS Decatur* 114 Männer zur Unterstützung an Land schickt und zahlreiche Breitseiten gegen die heranrückenden Indianer verschießt. Am Abend haben die Indianer zahlreiche Tote zu beklagen und brechen daraufhin den Angriff ab. Von den Bewohnern Seattles sind zwei Siedler getötet worden. Die Stadt selber sollte nie wieder angegriffen werden.

02. Februar

Der Eisenbahnmagnat Friedrich Willhelm Vanderbilt wird geboren.

Dallas, Texas erhält den Status einer Stadt.

18. Februar

Die *American Party* hält ihren Parteikonvent in Philadelphia, Pennsylvania ab und nominiert Millard Fillmore (1800-1874) zu ihrem Präsidentschaftskandidaten.

22. Februar

Das erste nationale Treffen der Republikaner findet in Pittsburg, Pennsylvania statt.

06. März

Die Universität von Maryland wird in College Park, Maryland gegründet.

20. März

Der Erfinder und Effizienzexperte Frederick Winslow Taylor wird in Philadelphia, Pennsylvania geboren. In der *Bethlehem Steel Company* entwickelt er 1898 Zeit- und Bewegungsstudien zur rationellen Gestaltung der Arbeitsvorgänge bei gleichzeitiger Verbesserung der Produktivität. Nebenergebnisse seiner Studie sind die Erfindung des Schnelldrehstahls (1900) und des Vanadiumstahls (1906).

April

Das amerikanische Passagierschiff *Adriatic* der Collins-Reederei läuft vom Stapel. Mit 3.650 BRT und einer Geschwindigkeit von 15 Knoten ist sie schneller und luxuriöser als alle Schiffe vor ihr.

05. April

Der Erzieher, Autor, Redner und Berater für mehrere US-Präsidenten Booker Taliferro Washington wird in Hale's Ford, Virginia geboren. Zwischen 1890 und 1915 ist er der dominierende Führer der afroamerikanischen Gesellschaft in den USA.

09. April

Der Seitenraddampfer *N. J. Eaton* sinkt auf seiner ersten Fahrt in der Nähe von Augusta Bend auf dem Missouri River.

20. April

Der Präsident der *Camden & Amboy Railroad* Robert Livingston Stevens (*1787) stirbt in Hoboken, New Jersey.

25. April

Der „Vater des Santa Fe Trails" William Becknell (*1787) stirbt auf seiner Farm in Red River County, Texas.

26. April

Der US-Senator aus Georgia (1816-1818 und 1829-1833) George Troup (*1780) stirbt in Treutien County, Georgia.

05. Mai

Der US-Senator aus Georgia (1849-1855) William Crosby Dawson (*1798) stirbt in Greensboro, Georgia.

06. Mai

Der Konteradmiral und Nordpolarforscher Robert Edwin Peary, Sr. wird in Cresson, Pennsylvania geboren. Pearys Anspruch als erster den geografischen Nordpol erreicht zu haben gilt zwar als umstritten, aber weitestgehend akzeptiert.

15. Mai

Der Kinderbuchschriftsteller (*„Der Zauberer von Oz"*) Lyman Frank Baum wird in Chittenango, New York geboren.

19. Mai

Senator Charles Sumner aus Massachusetts hält vor dem Senat eine Rede, in der er den Süden im Allgemeinen und den Staat South Carolina im Besonderen wegen der Sklavenfrage angreift und von einem „Schandfleck der Zivilisation" spricht.

21. Mai

Border Ruffians unter dem Kommando von Sheriff Samuel Jones rücken gegen Lawrence vor und plündern die Stadt.

22. Mai

Bei der Wiederholung seiner Rede vor dem Senat kommt es zu einem Eklat, als Sumner nach Beendigung seiner Rede wieder an seinem Pult Platz nimmt. Mit den Worten, dass Sumners Rede eine Beleidigung South Carolinas und des Senators Butler ist, beginnt der Abgeordnete Preston Smith Brooks (1819-1857) mit einem Spazierstock auf Sumner einzuschlagen, der nach rund 30 Schlägen schwer am Kopf getroffen, blutend zusammenbricht. Sumner sieht sich durch diese Verletzung gezwungen, dem Senat drei Jahre lang fernzubleiben. Der Staat Massachusetts lässt während dieser Zeit demonstrativ seinen Platz unbesetzt. Brooks tritt von sich aus von seinem Posten zurück und stirbt am 27. Januar 1857 in Washington D. C. an einer Erkältungskrankheit.

24. Mai

Als Vergeltung für die Plünderung von Lawrence verübt der fanatische und wahrscheinlich geisteskranke Abolitionist John Brown mit vier seiner Söhne und zwei weiteren Anhängern das sogenannte „Pottawatomie-Massaker" im Franklin County, Kansas, wobei sie fünf Pro-Sklaverei-Siedler ermorden. Im Norden wird Brown als „Held" gefeiert, wie zuvor Brooks mit seiner Tat im Süden.

26. Mai

Der Komponist George Templeton Stark wird in New York City geboren.

31. Mai

Der US-Senator aus Connecticut (1835-1839 und 1843-1849) John Milton Niles (*1787) stirbt in Hartford, Connecticut.

02. Juni

In der Schlacht von Black Jack besiegen Abolitionisten unter John Brown Pro-Sklaverei-Kräfte.

04. Juni

Der Gouverneur des Kansas-Territoriums Wilson Shannon (1803-1877) veröffentlicht eine Proklamation, in der die bewaffneten Banden aufgefordert werden, sich zu zerstreuen.

06. Juni

Auf dem Nationalkonvent der Demokraten wird dem amtierenden US-Präsidenten Franklin Pierce die Nominierung für die Wiederwahl im November verweigert.

09. Juni

500 Mormonen verlassen Iowa City, Iowa in Richtung Salt Lake City mit zweirädrigen Handkarren.

19. Juni

Die Republikaner nominieren John Charles Fremont als ihren Präsidentschaftskandidaten.

08. Juli

Für seinen Angriff auf Charles Sumner wird Preston S. Brooks zu einer Geldstrafe von 300 Dollar verurteilt.

09. Juli

Der Industrielle Daniel Guggenheim wird in Philadelphia,

Pennsylvania geboren.

Der US-Senator aus Georgia (1835-1843) Alfred Cuthbert (*1785) stirbt in Montichello, Georgia.

17. Juli

In der Nähe von Philadelphia stoßen zwei Lokomotiven zusammen, dabei werden 59 Passagiere getötet und über 100 verletzt.

24. Juli

Der Arzt und Erfinder Franklin Weston Mann wird in Norfolk, Massachusetts geboren.

25. Juli

Der Anwalt und Schriftsteller Charles Major wird in Indianapolis, Indiana geboren.

26. Juli

Der Diplomat, Politiker und wichtigster Berater des späteren US-Präsidenten Woodrow Wilson (1856-1924) Edward Mandell House wird in Houston, Texas geboren.

10. August

Ein tödlicher Hurrikan trifft Louisiana und kostet mindestens 200 Menschen das Leben.

15. August

Der US-Senator aus Michigan (1911-1923) Charles Elroy Townsend wird in Concord, Michigan geboren.

16. August

50 Free Soilers unter Captain Samuel Walker greifen das Fort Titus, zwei Meilen südlich von Lecompton, Kansas an. Nach kurzem Gefecht kapitulieren die 34 Verteidiger, darunter auch Colonel Henry Titus. Fort Titus wird geplündert und danach dem Erdboden gleichgemacht.

18. August

Der Kongress verabschiedet das *Guano Act*. Das nach wie vor gültige Gesetz besagt, dass jeder US-Staatsbürger, der eine unbewohnte Insel, die von niemanden beansprucht wird und auf der es eine bestimmte Sorte von abbauwürdigen Vogelexkrementen („Dünger") gibt, sie für die USA annektieren darf. Der Entdecker erlangt dadurch exklusive Abbaurechte der Guano-Vorkommen.

21. August

Der Gouverneur des Kansas-Territoriums Wilson Shannon tritt zurück und wird von Daniel Woodson (1824-1894) ersetzt. Woodson verkündet, dass das Territorium in offener Rebellion sei. John Brown wehrt derweilen einen Angriff ab, den eine Streitmacht von Border Ruffians unter Führung von David Rice Atchinson (1807-1886) unternimmt.

30. August

12 *Free Soilers* unter John Brown werden bei Osawatomie von rund 250 Sklaverei-Anhängern angegriffen.

31. August

Der Mountain Man und Pelztierhändler Nathaniel Jarvis Wyeth (*1802) stirbt in Cambridge, Massachusetts.

03. September

Der Architekt und „Vater der Wolkenkratzer" Louis Henry Sullivan wird in Boston, Massachusetts geboren.

05. September

Der US-Senator aus Illinois (1921-1926) William Brown McKinley wird in Petersburg, Illinois geboren.

Der US-Senator aus Georgia (1921-1922) Thomas Edward Watson wird in Thomson, Georgia geboren.

09. September

Der US-Senator aus Delaware (1897-1901) Richard Rolland Kenney wird in Laurel, Delaware geboren.

11. September

Der neue Gouverneur des Kansas-Territoriums John White Geary (1819-1873) tritt sein Amt an. Sofort löst er Woodsons Miliztruppen auf, außerdem bringt er mit Hilfe des Militärs den Missourier Atchinson dazu, mit seinen Milizen das Territorium zu verlassen. Auf dem Weg dorthin, kommt es am 15. September zu einem Scharmützel bei Hickory Point mit James H. Lanes Truppen, die von der Vereinbarung Gearys mit Atchinson noch keinerlei Kenntnis erlangt haben.

17. September

Die Whig-Partei trifft sich in Baltimore, Maryland und stellt mit Millard Fillmore den gleichen Präsidentschaftskandidaten auf, wie die *American Party*.

28. Oktober

Die Porträtmalerin Anna Elizabeth Klumpke wird in San Francisco, Kalifornien geboren.

30. Oktober

Der Ballonfahrer und Fallschirmspringer Charles Leroux wird in Waterbury, Connecticut geboren.

04. November

Bei den Präsidentschaftswahlen wird James Buchanan

zum 15. US-Präsidenten gewählt; John C. Breckinridge wird neuer Vizepräsident.

17. November

Am Sonoita-Fluss im südlichen Arizona errichtet die US-Armee das Fort Buchanan.

Der US-Senator aus Indiana (1916) Thomas Taggart wird in Amyville, Irland geboren.

21. November

Die Niagara Falls-Universität wird in Niagara, New York gegründet.

Der Biologe William Emerson Ritter wird in Columbia County, Wisconsin geboren.

22. Dezember

Der Außenminister (1825-1829) Frank Billings Kellogg wird in Potsdam, New York geboren.

28. Dezember

Der 28. Präsident der Vereinigten Staaten Woodrow Wilson wird in Staunton, Virginia geboren.

1857

Spekulationen in US-Eisenbahn-Aktien verursachen eine Finanzkrise in Europa.

In Boston wird die Zeitung „*Atlantic Monthly*" gegründet. In New York erscheint die Zeitung „*Harper's Weekly.*"

„*Ein sehr vertrauenswürdiger Herr*"* von Herman Melville wird veröffentlicht.

Die *Butterfield Overland Company* erreicht in Verhandlungen mit dem Chiricahua-Häuptling Cochise, dass die Firma am Apache-Pass eine Haltestation für ihre Postkutschenlinie errichten darf.

Fertigstellung einer südlichen Eisenbahnstrecke zwischen Charleston, South Carolina und Memphis, Tennessee.

09. Januar

Das Fort Tejon-Erdbeben mit einer Stärke von 7,9 auf der Richterskala trifft Teile von Zentral- und Südkalifornien.

03. Februar

Die Galludet-Universität wird als *National Deaf Mute College* in Washington D. C. gegründet.

28. Februar

Der Arktisforscher und Offizier Elisha Kent Kane wird in Philadelphia, Pennsylvania geboren.

03. März

Der Kongress verabschiedet ein Transportgesetz, um den Westen der USA mit dem Osten zu verbinden. John Warren Butterfield (1801-1869) erhält den ersten Vertrag. Butterfields Route führt von Tipton, Missouri durch den Südwesten der USA nach Los Angeles und von dort aus weiter nach San Francisco.

04. März

Beginn der Legislaturperiode des 35. US-Kongresses; James Buchanan tritt sein Amt als 15. US-Präsident an.

06. März

In dem Urteil „*Sanford vs. Dred Scott*" urteilt der Oberste Gerichtshof der USA unter Bundesrichter Roger Brooke Taney (1777-1864), dass der entflohene Sklave Dred Scott nicht frei wäre, obwohl er bereits viele Jahre auf freiem Territorium gelebt habe und dass ein Sklave diesbezüglich keinerlei einklagbaren Rechte hätte. Dieses Gesetz hat Gültigkeit bis zum 14. Änderungsantrag zur Verfassung im Jahre 1868.

12. März

Elizabeth Blackwell (1821-1910) eröffnet im südlichen Teil von New York City ein Krankenhaus für arme Frauen und Kinder.

15. März

Die Firma *Volcanic Repeating Arms,* die 1855 gegründet wurde, geht in die Liquidation. Der Schreiner und Hemdenfabrikant Oliver Fisher Winchester (1810-1880), gleichzeitiger Hauptaktionär, übernimmt die Firma und benennt sie in *Winchester Repeating Arms Company* um. Er beauftragt Benjamin Tyler Henry (1821-1898) den Volcanic Unterhebel-Repetierer zu verbessern. Das Ergebnis ist der *Henry-Riffle.* Das erste Winchester-Gewehr wird das Modell 1866 *„Yellow Boy"*, wegen seines Verschlusskastens aus Messing und seitlicher Ladeklappe, damit die Waffe nicht mehr umständlich von vorne geladen werden muss.

20. März

Der US-Senator aus Indiana (1909-1916) Benjamin Franklin Shively wird in Osceola, Indiana geboren.

21. März

Der Fotograf Charles Ellis Johnson wird in St. Louis, Missouri geboren.

23. März

In New York City wird der erste Sicherheitsfahrstuhl in ein Gebäude eingebaut.

01. Mai

Der US-Senator aus Mississippi (1852-1857) Stephen Adams wird in Pendleton, South Carolina geboren.

26. Mai

Der US-Senator aus New Hampshire (1855-1857) James Bell wird in Francestown, New Hampshire geboren.

18. Juli

Präsident James Buchanan schickt Truppen unter General Albert Sidney Johnston (1803-1862) ins Utah-Territorium, um eine gerüchteweise Abspaltung Utahs zu verhindern, die Polygamie in dem Territorium zu unterbinden, Brigham Young als Gouverneur abzusetzen und ihn durch den Nicht-Mormonen Alfred Cumming (1802-1873) aus Georgia zu ersetzen. Als Young von dem Anrücken der US-Truppe Kenntnis erlangt, ruft er das Kriegsrecht aus und bezeichnet Buchanans Vorgehen als einen Akt despotischer Willkür, der der Verfassung der USA widerspreche und daher einen bewaffneten Widerstand rechtfertige. Es wird der Befehl der „verbrannten Erde" ausgegeben, wobei Salt Lake City und andere Orte ggf. zerstört werden sollen, um der US-Armee keinerlei Unterkunft und Verpflegung zu bieten.

29. Juli

Colonel Edwin Vose Sumner (1797-1863) attackiert 300 Cheyenne bei Salomons Ford im Kansas-Territorium. Der spätere General der Konföderierten James Ewell Brown „*Jeb*" Stuart (1833-1864) wird dabei verwundet.

24. August

Durch die rücksichtslose Grundstücks- und Eisenbahnspekulationen im Westen, sowie dem Zusammenbruch der Zweigstelle der New Yorker *Ohio Life Insurance & Trust Company*, wird am Ende die Finanzpanik von 1857 ausgelöst. Erst 1859 erholen sich die Märkte langsam wieder.

11. September

Eine Gruppe Mormonen überfällt zusammen mit einer Anzahl Indianer bei Mountain Meadows einen Treck mit Auswanderern aus Arkansas, wobei die Angreifer zwischen 120 und 150 Aussiedler ermorden. Lediglich 17 Kleinkinder werden verschont und bei mormonischen Familien untergebracht. Als schuldiger Anführer des Massakers wird 1877 John D. Lee verurteilt und am Ort des

Massakers durch Erschießen hingerichtet. Ob Brigham Young persönlich für das Massaker verantwortlich ist, ist bis heute nicht abschließend geklärt.

12. September

Vor der Küste South Carolinas sinkt der Luxusliner *Central America* während eines schweren Sturmes mit dem Heck voran. Von den 500 Passagieren, die meisten von ihnen Goldsucher, finden 450 den Tod.

15. September

Der 27. Präsident der Vereinigten Staaten (1909-1913) William Howard Taft wird in Cincinnati, Ohio geboren.

Der US-Senator aus Mississippi (1839-1845) John Henderson (*1797) stirbt in Pass Christian, Mississippi.

07. Oktober

Der US-Senator aus Connecticut (1911-1923) George Paine McLean wird in Simsbury, Connecticut geboren.

Der US-Senator aus Delaware (1827-1829) Louis McLane (*1786) stirbt in Baltimore, Maryland.

13. Oktober

Die New Yorker Banken schließen ihre Türen und öffnen diese erst am 12. Dezember wieder.

November

Die 2.500 Mann starke Heeresabteilung aus Fort Leavenworth unter dem Kommando von Albert Sidney Johnston (1803-1862) marschiert im dichten Schneetreiben nach Fort Bridger. Am 17. November erreichen sie das Fort nordwestlich von Salt Lake City, welches bereits von den Mormonen niedergebrannt wurde.

02. Dezember

Der Geschäftsmann, Rechtsanwalt und Namensgeber von Mount Rushmore Charles Edward Rushmore wird in New York City geboren.

Der Senator von Delaware (1903-1907) James Frank Allee wird in Dover, Delaware geboren.

24. Dezember

Der US-Senator aus Louisiana (1836-1841) Robert Carter Nicholas (*1787) stirbt in Terrebonne County, Louisiana.

Der Finanzier und Partner des zweitwichtigsten Lokomotivbauers im 19. Jahrhundert, *Rogers, Ketchum & Grosvenor*, Jasper Grosvenor (*1794) stirbt in New York City.

1858

Oliver Wendell Holmes veröffentlicht „*The Autocrat of the Breakfast Table.*" Von Henry W. Longfellow erscheint das Gedicht „*The Courtship of Miles Standish.*"

Frederick Law Olmstedt (1822-1903) wird Chefarchitekt des Central Parks in New York City.

Ein erstes Tiefseekabel wird von Südwestirland nach Neufundland verlegt und zwischen Queen Victoria und James Buchanan werden Grußbotschaften ausgetauscht.

Die Stadt Salina wird im Kansas-Territorium gegründet.

Auf drei Flussdampfern fahren boxbegeisterte Zuschauer aus Buffalo, New York zum Boxkampf zwischen Tom Morrissey (1831-1878) und John Camel Heenan (1835-1873). Der Kampf, der auf kanadischen Boden stattfindet, ist nach elf Runden beendet und Morrissey kassiert eine Siegprämie von 5.000 Dollar.

Ein zweiter großer Goldrausch beginnt in Colorado am South Platte River und später am Pikes Peak.

Bei der Wahl zum 36. US-Kongress erhält die Demokratische Partei die Mehrheit im Senat, während die Republikanische Partei die Mehrheit im Repräsentantenhaus erhält.

Januar

An der peruanischen Küste kommt es zu einem Zwischenfall, als ein amerikanisches Handelsschiff bei den Lobos-Inseln mit einer Guano-Ladung (Guano dient als Düngemittel) aufgebracht wird. Die US-Regierung verlangt von Peru eine Entschädigung von 110.000 Dollar. Da die Verhandlungen darüber wegen innerer Unruhen in Peru nicht vorankommen, drohen die USA im Oktober mit dem Abbruch der diplomatischen Beziehungen.

06. Januar

Der Kunstmaler, Erfinder und Kunstlehrer Albert Henry Munsell wird in Boston, Massachusetts geboren.

10. Januar

Der Erfinder und Bildhauer Hiskiar Augur (*1791) stirbt in New Haven, Connecticut.

11. Januar

Der Kaufhausmagnat Harry Gordon Selfridge, Sr. wird in Ripon, Wisconsin geboren.

02. Februar

Präsident Buchanan empfiehlt dem Senat die Aufnahme des Kansas-Territoriums als Unionsstaat nach der „Lecompton-Verfassung." Senator Stephen A. Douglas verurteilt diese Verfassung, weil sie seiner Meinung nach die Volkssouveränität verletzt und die Justiz missachtet.

06. Februar

Der US-Senator aus Iowa (1900-1910) Jonathan Prentiss Dolliver wird in Kingwood, Virginia geboren.

15. Februar

Der Segelflugpionier John Joseph Montgomery wird in Yuba City, Kalifornien geboren.

19. Februar

Der indianische Schriftsteller, Arzt und Reformator vom Stamm der Santee-Sioux Charles Eastman (Ohiye S'a) wird in der Nähe von Redwood Falls, Minnesota geboren.

28. Februar

Der US-Senator aus Kentucky (1921-1927) Richard Pretlow Ernst wird in Covington, Kentucky geboren.

04. März

Der Commodore Matthew Calbraith Perry (*1794) stirbt in New York City.

12. März

Der Zeitungsverleger („*Chattanooga Times*" und „*New York Times*") Adolph Ochs wird in Cincinnati geboren.

22. März

James Butler „*Wild Bill*" Hickok wird zum Constabler (Polizist) in Montichello, Kansas ernannt.

10. April

Der US-Senator aus Missouri (1821-1851) Thomas Hart Benton (*1782) stirbt in Washington D. C.

19. April

Auf Druck der einwandernden Siedler geben die Yankton-Sioux im Vertrag von Washington ihr Land auf und ziehen in ein Reservat am Missouri.

23. April

In einem Versuch, die Akzeptanz der Lecompton-Verfassung zu erzwingen, entwirft ein Kongress-Ausschuss die sogenannte „*English Bill.*"

25. April

Goldfunde am Frazer Creek locken rund 5.000 Goldsucher und Abenteurer nach Kanada.

04. Mai

Präsident Buchanan unterschreibt die *„English Bill.“* Danach hat das Kansas-Territorium die Wahl, die Lecompton-Verfassung anzunehmen, um als Staat in die Union aufgenommen zu werden, oder ein Territorium zu bleiben. Präsident Buchanan verliert durch dieses Gesetz an Wählergunst im Norden, Douglas die im Süden. Die Republikaner profitieren von der Kansas-Frage.

11. Mai

Minnesota wird als 32. Staat in die Union aufgenommen; Hauptstadt wird Saint Paul.

Texas Rangers unter John Salmon Ford (1815-1897) greifen ein Lager von Comanchen am Canadian River im heutigen Oklahoma an, wobei 76 Krieger getötet sowie 18 Frauen und Kinder gefangen genommen werden.

19. Mai

Im Kansas-Territorium kommt es mit dem Marais-des-Cygnes-Massaker zu einer letzten größeren Auseinandersetzung im *„Bleeding Kansas.“*

16. Juni

Abraham Lincoln hält vor der Republican State Convention in Springfield, Illinois eine scharfe Rede gegen die Sklaverei, indem er meint, dass *„Ein Haus, das in sich selbst uneins ist, nicht bestehen mag."*

20. Juni

Der afroamerikanische Autor, Essayist und politischer Aktivist Charles Waddell Chesnut wird in Cleveland, Ohio geboren.

26. Juni

Johnstons 2.500 Mann starke Armee marschiert durch Salt Lake City, ohne die Stadt zu besetzen. Präsident Buchanan hat den Mormonen ihren Aufstand vergeben. Als Gegenleistung dafür akzeptiert Brigham Young die Einsetzung von Albert Cumming zum Gouverneur des Territoriums und muss widerwillig zustimmen, dass die US-Armee das Salt Lake-Tal betreten und als Zeichen des Sieges durch Salt Lake City marschieren darf, als eine Art symbolische Besetzung der Stadt.

28. Juni

Der Bühnenschauspieler Otis Skinner wird in Cambridge, Massachusetts geboren.

29. Juli

Zwischen den USA und Japan wird auf der *USS Powhatan* in der Bucht von Edo der Harris-Vertrag unterzeichnet.

18. August

Der Konteradmiral Thomas Slidell Rogers wird in Morristown, New Jersey geboren.

21. August

Beginn der Douglas-Lincoln-Debatten in Ottawa, Illinois über die Frage der Sklaverei und deren Einfluss auf die Politik. Lincoln erweist sich dabei als geschickter und scharfsinniger Redner.

23. August

Der US-Senator aus Connecticut (1825-1831) Calvin Willey (*1776) stirbt in Stafford, Connecticut.

27. August

Zweite Douglas-Lincoln-Debatte in Freeport, Illinois.

28. August

Der Seitenraddampfer *Duncan Carter* sinkt auf ihrer Fahrt von Weaton nach St. Louis, Missouri auf dem Missouri River.

01. September

Der Philanthrop Andrew Jackson Zilker wird in New Albany, Indiana geboren.

In der Schlacht an den Vier Seen, nahe dem heutigen Spokane im Washington-Territorium, besiegen 500 US-Soldaten eine gleiche Anzahl Yakima- und Cayuse-Indianer, da die Soldaten mit besseren Gewehren mit gezogenem Lauf ausgestattet sind

14. September

Die Firma *E. Remington & Sons* lassen sich in Ilion, New York einen Revolver mit geschlossenem Rahmen in den Kal. .36 und .44 patentieren. Er kommt 1860 als „*New Modell Army*" auf dem Markt.

15. September

Dritte Douglas-Lincoln-Debatte in Jonesboro, Illinois.

17. September

Die erste Postkutsche der Butterfield Overland verlässt Tipton, Missouri nach San Francisco. Sie erreicht die Stadt nach 23 Tagen und 23 ½ Stunden am 10. Oktober.

18. September

Vierte Douglas-Lincoln-Debatte in Charleston, Illinois.

21. September

Der US-Senator aus Alabama (1837-1841) Arthur Pendleton Bagby (*1794) stirbt in Mobile, Alabama.

01. Oktober

Die 2. US-Kavallerie unter Major Earl Van Dorn (1820-1863) greift ein großes Dorf der Comanchen mit 500 Bewohnern an, wobei der Angriff mehr einem Massaker gleicht, bei dem 56 Indianer beiderlei Geschlechts und aller Altersgruppen niedergemetzelt werden. Viele Soldaten und auch Van Dorn selber werden verwundet. Letzterer so schwer, dass niemand glaubt, dass er je wieder seinen Dienst in der Armee antreten wird.

07. Oktober

Der US-Senator aus Louisiana (1913-1931) Joseph Eugene Ransdell wird in Alexandria, Louisiana geboren.

Fünfte Lincoln-Douglas-Debatte in Galesburg, Illinois.

12. Oktober

Der Schwergewichtsboxer John Lawrence Sullivan wird in Roxbury, Massachusetts geboren. Während seiner Karriere gewinnt er 40 von 44 Kämpfen, davon 34 durch KO.

13. Oktober

Sechste Lincoln-Douglas-Debatte in Quincy, Illinois.

15. Oktober

Siebente und letzte Debatte zwischen Lincoln und Douglas in Alton, Illinois. Lincoln geht aus den sieben Reden als klarer Sieger hervor und wird im ganzen Land populär, da er in der Sklavenfrage keinen radikalen Standpunkt einnimmt, gleichwohl er die Sklaverei als eine moralische, soziale und politische Ungerechtigkeit betrachtet, derweil Douglas die moralische Seite der Sklaverei in seinen Reden bewusst umgeht.

Der US-Vizeadmiral William Sims wird in Port Hope, Ontario, Kanada geboren.

27. Oktober

Der 25. Vizepräsident der USA (1901) und 26. Präsident der Vereinigten Staaten (1901-1909) Theodore *„Teddy"* Roosevelt wird in New York City geboren.

Rowland Hussey Macy (1822-1877) eröffnet in New York City sein Galanterie-Warengeschäft *Macy's*, das sich in den Folgejahren zum größten Kaufhaus der Welt entwickelt.

30. Oktober

Der Architekt Wilson Eyre wird in Florenz geboren.

08. November

Der US-Senator aus Illinois (1913-1921) Lawrence Yates Sherman wird in Miami County, Ohio geboren.

16. November

Der US-Senator aus Indiana (1831-1832) Robert Hanna wird in Laurens County, South Carolina geboren.

21. November

Der US-Senator aus Minnesota (1900-1901) Charles Arnette Towne wird bei Pontiac, Michigan geboren.

14. Dezember

Der Politiker und Repräsentant von Pennsylvania Michael Woolston Ash (*1789) stirbt in Philadelphia, Pennsylvania.

31. Dezember

Der US-Senator aus Indiana (1917-1923) Harry Stewart New wird in Indianapolis, Indiana geboren.

1859

Eine Expedition unter Oberst Frederick Landers (1821-1862) bricht von Salt Lake City auf, um eine neue Wagenroute nach Osten hin zu finden und Material für das *Smithsonian Institute* zu finden. Als verantwortlicher Leiter der Künstler und Fotografen, begleitet auch der in Solingen, Deutschland geborene Albert Bierstadt (1830-1902) diese Expedition.

Der erste Pullman-Eisenbahnschlafwagen ist fertiggestellt.

Zum 100. Geburtstag von Friedrich Schiller werden in St. Louis, Missouri 100 Schuss Salut abgefeuert. St. Louis erlebte insbesondere in den 1830er Jahren eine beträchtlichen Zuwanderung von deutschen Emigranten.

Eine von Captain William Franklin Reynolds (1820-1894) geleitete Expedition in das Yellowstone-Gebiet und in die Wind River Mountains ist die letzte Erkundung eines großen unerforschten Gebietes im fernen Westen, die vom Kriegsministerium durchgeführt wird. Sie dauert bis in das Jahr 1860 hinein an.

Der Songwriter und Entertainer Daniel Decatur Emmett komponiert *„Dixie"*, das Lied der Konföderierten im amerikanischen Bürgerkrieg, das auch dem US-Präsidenten Abraham Lincoln gut gefällt. O-Ton Lincoln: *„Ich habe immer gedacht, dass 'Dixie' eine der besten Melodien war, die ich je gehört habe (...)."*

06. Januar

Der US-Senator aus Florida (1909-1936) Duncan Upshaw Fletcher wird in Americus, Georgia geboren.

12. Januar

Der US-Senator aus Idaho (1897-1903) Henry Heitfeld wird in St. Louis, Missouri geboren.

28. Januar

Im Washington-Territorium wird die Stadt Olympia gegründet.

29. Januar

Der Astronom William Cranch Bond (*1789) stirbt in Cambridge, Massachusetts.

14. Februar

Oregon wird als 33. Staat in die Union aufgenommen; Hauptstadt wird Salem.

22. Februar

Der US-Senator aus Colorado (1921-1923) Samuel Danford Nicholson wird in Springfield, Kanada geboren.

25. Februar

Der 10. Gouverneur von North Dakota (1907-1913) und 24. Finanzminister der USA (1913-1921) John Burke wird in Keokuk County, Iowa geboren.

Der US-Senator aus Indiana (1843-1849) Edward Allen Hannegan (*1807) stirbt in St. Louis, Missouri.

04. März

Beginn der Legislaturperiode des 36. US-Kongresses.

19. März

Der US-Senator aus Indiana (1837-1843) Oliver Hampton Smith (*1794) stirbt in Charlestown, Indiana.

14. April

Der US-Senator aus Kentucky (1811-1814) George Mortimer Bibb (*1776) stirbt in Georgetown, Washington D. C.

Mai

John Brown trifft sich mit einigen Gleichgesinnten in Kanada und hält dort einen „verfassungsgebenden Konvent" ab. Er beschließt eine neue Verfassung für die USA, die u. a. einen Schwarzen als Präsident der Vereinigten Staaten vorsieht. Nach seiner Rückkehr pachtet Brown eine Farm in Virginia, in der Nähe des Bundesarsenals von Harper's Ferry. Brown plant nun, dass sich sämtliche Schwarze im Süden gegen die Sklaverei auflehnen sollen und will sie dafür mit den Waffen aus dem Arsenal ausrüsten. Dann soll es im Süden zu einem allgemeinen bewaffneten Aufstand gegen die weißen Feudalherren kommen.

06. Mai

Der deutsche Forschungsreisende und enger Freund des ehemaligen US-Präsidenten Thomas Jefferson Alexander von Humboldt (*1769) stirbt in Berlin, Deutschland.

12. Mai

Der US-Senator aus Michigan (1907-1919) William Alden Smith wird in Dowagiac, Michigan geboren.

17. Mai

Die erste Concord-Überlandkutsche des Transportunternehmers William Hephurn Russell (1812-1872) erreicht Denver im Colorado-Gebiet.

08. Juni

Die *Comstock-Lodge* wird bei Virginia City im Utah-Territorium (heutiges Nevada) entdeckt. Sie ist die reichste Silber- und Goldader der Welt. In den nächsten 20 Jahren werden dort Edelmetalle im Wert von rund 300 Millionen US-Dollar abgebaut.

15. Juni

Zwischen den USA und Großbritannien kommt es zum sogenannten *„Schweinekrieg"*, einer Grenzstreitigkeit auf den San Juan Inseln zwischen Vancouver Island und dem Festland, die durch das Erschießen eines „irischen Schweins" ausgelöst wird, das im Garten eines Siedlers „amerikanische Kartoffeln" ausgebuddelt und gefressen hatte. Der Konflikt endet am Ende ohne weitere Schüsse und menschliche Opfer, auf diplomatischem Wege.

30. Juni

Charles Cravelet (1824-1897), ein Franzose, der unter dem Künstlernamen *„Blondin"* auftritt, überquert in 48 m Höhe auf einem Drahtseil die Niagara-Fälle, wobei er eine Strecke von 300 m zurücklegt. Das Seil schwingt in der Mitte ca. 8 m hin und her.

Juli

Kansas verabschiedet eine Verfassung ohne Sklaverei, mit dem das Land 1861 in die Union aufgenommen wird.

Juli

Am Pikes Peak in Colorado wird Gold entdeckt.

27. August

Edwin Laurentine „*Colonel*" Drake findet nahe Titusville, Pennsylvania als erster Amerikaner bei Bohrungen Erdöl und leitet damit das Zeitalter der Petroleumindustrie ein.

September

Josua Abraham Norton (um 1918-1880), ein in England geborener Exzentriker, krönt sich in Kalifornien selber zum Kaiser Norton I. von Amerika. Er hat zwar keinerlei politische Macht, aber die Bürger in San Francisco lieben „ihren Kaiser", und die von ihm ausgestellte Währung wird in den von ihm frequentierten Lokalen anstandslos angenommen.

Das Carrington-Ereignis ist ein starker geomagnetischer Sonnensturm. Er ist so heftig, dass er, wenn er heute auf die Erde treffen würde, es zu großen Problemen in der technologieabhängigen Gesellschaft führen würde, ähnlich dem koronaren Massenauswurf der Sonne im Jahre 2012, der die Erde jedoch „nur" streifte.

17. September

Der Outlaw und Gunfighter, *Billy The Kid,* wird als Henry McCarty in New York City geboren.

16. bis 18. Oktober

John Brown marschiert mit fünf Schwarzen und 13 weißen Anhängern nach Harper's Ferry, um das Bundesarsenal zu stürmen. Nachdem aus Versehen ein schwarzer Zeughausverwalter von den Angreifern erschossen wird, erheben sich nicht die Sklaven, sondern die wütenden Bürger der Stadt und Browns Truppe zieht sich ins Feuerwehrhaus zurück. Am Morgen des 18. Oktober erreichen Bundestruppen unter Jeb Stuart und Robert E. Lee das Arsenal und es kommt zu einem Schusswechsel, bei dem 9 Anhänger Browns, darunter zwei seiner Söhne, getötet werden. John Brown wird gefangen genommen und der Gerichtsbarkeit von Virginia unterstellt.

02. Dezember

John Brown wird wegen Hochverrats verurteilt und in Charleston, Virginia öffentlich gehängt. Abraham Lincoln zu seinem Tod: *„02.12.1859: John Brown ist wegen Verrats an einem Bundesstaat hingerichtet worden. Wir können nichts dagegen einwenden, auch wenn wir, wie er, der Meinung war, dass die Sklaverei ein Unrecht ist. Gewalt, Hochverrat und Blutvergießen sind damit nicht zu entschuldigen. Auf diese Weise konnte er nichts erreichen, was er für Recht erachtete."*

Allan Pinkerton (1819-1884)

Der 13. Präsident der USA
Millard Fillmore (1800-1874)

Henry Wells (1805-1878)

George Fargo (1801-1869)

Horace Smith (1808-1893)

Daniel Baird Wesson (1825-1906)

John Henry „Doc" Holliday
(1852-1887)

Harriet Beecher Stowe (1811-1896)

Frederick Douglass (1817-1895)   George Eastman (1854-1932)

Der 14. US-Präsident Franklin Pierce (1804-1869)

Zeitgenössische Darstellung des Grattan-Massakers am 19. August 1854

Der Untergang des Passagierdampfers *Arctic* am 27. September 1854

Der Bürgerkrieg in Kansas bildet den Auftakt des amerikanischen Bürgerkrieges, der von 1861 bis 1865 andauert.

SOUTHERN CHIVALRY — ARGUMENT versus CLUB'S.

Die Sumner-Brooks-Affäre vom 22. Mai 1856

John Brown (1800-1859) Der 15. US-Präsident James Buchanan
(1791-1868)

Bei den Lincoln-Douglas-Debatten geht Abraham Lincoln als moralischer
Sieger hervor und ebnet so den Weg zu seiner Präsidentschaft.

1860

Die Bevölkerung in den USA beträgt nun 31.443.231 Menschen, davon vier Millionen Sklaven.

William Tecumseh Sherman übernimmt die Leitung der Militärakademie von Louisiana.

In den USA gibt es 48.000 km Schienenstrecke. Zum Vergleich: Die Bundesrepublik Deutschland verfügte 1964 über ein Schienennetz von 31.000 km.

Bei der Wahl zum 37. US-Kongress erhält die Republikanische Partei die Mehrheit in beiden Häusern.

10. Januar

In Lawrence, Massachusetts stürzt die fünfstöckige Pemperton-Mühle zusammen und tötet 145 Arbeiter.

25. Januar

Der Senator aus Kansas (1915-1929) und 31. Vizepräsident der Vereinigten Staaten Charles Curtis wird in Topeka, Kansas geboren.

02. Februar

Das Programm der Extremisten aus dem Süden der USA findet in dem von Jefferson F. Davis in den Senat eingebrachten Resolutionen seinen Ausdruck. In den Resolutionen wird ein Bundesgesetz zum Schutz des Eigentums an Sklaven in den Territorien gefordert.

22. Februar

In Lynn, Massachusetts beginnt der Streik der Schuhmacher für höhere Löhne, an dem sich am Ende rund 20.000 Arbeiter beteiligen.

26. Februar

80 bis 250 Wyot-Indianer werden auf Indian Island bei Eureka, Kalifornien massakriert.

27. Februar

Nachdem der Fotograf Matthew B. Brady (1822-1896) ein Porträt von Abraham Lincoln angefertigt hat, spricht dieser in Cooper Union, New York, wobei er das Programm der Extremisten verurteilt. Brady organisiert später die offizielle Berichterstattung über den Bürgerkrieg. Ein Jahr nach seinem Tod zählt man rund 6.000 Glasnegative, die immer noch verwendbar und kopierbar sind und sich heute in der *Library of Congress* befinden.

08. März

Der US-Senator aus Indiana (1905-1909) James Alexander Hemmenway wird in Boonville, Indiana geboren.

11. März

Der Architekt Thomas Hastings wird in New York City geboren.

12. März

Der Kongress beschließt die *„Pre-emption Bill"*, mit der Siedlern kostenlos Land in den westlichen Territorien zur Verfügung gestellt wird.

19. März

Der US-Außenminister (1913-1915) William Jennings Bryan wird in Salem, Illinois geboren.

03. April

Eröffnung des Pony-Express zwischen St. Joseph, Missouri und Sacramento, Kalifornien. Briefpost wird binnen neun bis zehn Tagen durch den amerikanischen Kontinent befördert. Einer der berühmtesten Reiter des Pony-Express wird Buffalo Bill Cody.

06. April

Der Schriftsteller und 11. Marineminister der USA (1838-1841) James Kirke Paulding (*1778) stirbt in Hyde Park, New York.

07. April

Der Industrielle und Nahrungsproduzent Will Keith Kellogg (*Kelloggs Cornflakes*) wird in Battle Creek, Michigan geboren.

17. April

Zwischen dem US-Meister John C. Heenan und dem britischen Meister Tom Sayers (1826-1865) kommt es zum „Boxkampf des Jahrhunderts" in Farnbarough, Großbritannien. In der 42. Runde stürmen Zuschauer den Ring und der Kampf wird abgebrochen. Beide Boxer werden zum Sieger erklärt.

23. April bis 03. Mai

Die Demokraten treffen sich auf einen Konvent in Charleston, South Carolina, können sich aber nicht auf die Nominierung eines Präsidentschaftskandidaten einigen.

30. April

Rund 1.000 Navajo unter Häuptling Maneulito (1818-1893) und Barboncito (1820-1871) greifen das Fort Defiance im heutigen Arizona an. Die Soldaten können den Angriff jedoch abwehren.

09. Mai

Die Überreste der *Whig-* und *Know-Nothing Party* stellen in Baltimore, Maryland John Bell (1797-1869) aus Tennessee als ihren Präsidentschaftskandidaten auf. Die neue Partei nennt sich nun *Constitutional Union Party*.

Der Kinderbuchautor Peter Paley wird als Samuel Griswold Goodrich in Ridgefield, Connecticut geboren.

10. Mai

Der Prediger, Transzendentalist und Abolitionist Theodore Parker wird in Lexington, Massachusetts geboren.

12. Mai

105 Vigilanten unter William Ormsby (*1814) treffen am Pyramide Lake nahe Nixon, im heutigen Nevada auf rund 500 Krieger der Pajute, Bannock und Shoshonie unter Häuptling Numaga. Das Gefecht geht für die Weißen verloren, wobei Ormsby und 75 von ihnen getötet und 29 weitere verwundet werden. Ca. zehn Indianer werden verwundet.

15. Mai

Ellen Louise Axson Wilson, Frau des 28. US-Präsidenten

Woodrow Wilson, und First Lady des Weißen Hauses wird in Savannah, Georgia geboren.

16. Mai

Der Serienmörder Herman Webster Mudgett (Dr. Henry Howard Holmes oder H. H. Holmes) wird in Gilmaton, New Hampshire geboren.

18. Mai

Der Republikanische Nationalkonvent in Chicago, Illinois nominiert Abraham Lincoln als ihren Präsidentschaftskandidaten.

Juni

Der britische Passagierdampfer *Great Eastern* läuft mit 38 Passagieren an Bord zum Ende ihrer Jungfernfahrt im Hafen von New York City ein. Zu ihren Ehren werden 14 Schuss Salut abgefeuert und die Trinity Church lässt das Glockenspiel „*Rule Britannia*" erklingen, während sich eine große Menschenmenge am Pier versammelt hat und hilft, das Schiff zu vertäuen.

02. bis 04. Juni

544 Freiwillige des „Washoe-Regiments", sowie 207 US-Soldaten unter Colonel John „*Coffee*" Hays (1817-1883) und Captain Joseph Stewart (1822-1904) besiegen ca. 300 Pajute unter Numaga in der zweiten Schlacht von Pyrami-

de Lake, wobei 25 Indianer getötet und 20 weitere verwundet werden; 3 Soldaten werden getötet, 5 weitere verwundet.

06. Juni

Der US-Senator aus Kalifornien (1859-1860) Henry Peter Haun (*1815) stirbt in Marysville, Kalifornien.

16. Juni

Der US-Kongress bewilligt die Gelder für den Bau einer transkontinentalen Telegrafenlinie von Omaha, Nebraska nach Kalifornien.

23. Juni

Die Demokraten nominieren in Baltimore, Maryland Stephen A. Douglas als ihren Präsidentschaftskandidaten.

28. Juni

Die südlichen Demokraten (Sezessionisten) aus acht Staaten stellen in Baltimore, Maryland John C. Breckinridge als ihren Präsidentschaftskandidaten auf.

01. Juli

Der Erfinder Charles Goodyear (Vulkanisierung) (*1800) stirbt in New York City.

13. August

Die Western-Darstellerin, Meisterschützin und Schauspielerin in „*Buffalo Bills Wild West*" Annie Oakley wird als Phoebe Ann Mosey in der Nähe des heutigen Willowdell, Ohio geboren.

15. August

Florence Mabel Kling Harding, Ehefrau des 29. US-Präsidenten Warren Gamaliel Harding (1865-1923), wird in Marion, Ohio geboren.

01. September

Der Mountain Man und Pelztierhändler Andrew Drips (*ca. 1789) stirbt in Kansas City, Missouri.

06. September

Die erste amerikanische Frau, die mit dem Friedensnobelpreis ausgezeichnet wird (1931), Jane Addams wird in Cedarville, Illinois geboren.

08. September

Der Seitenraddampfer *Lady Elgin* sinkt auf dem Lake Michigan, nachdem er von dem Schoner *Augusta* gerammt wird. 300 Menschen kommen dabei ums Leben.

13. September

Der US-General, John Joseph „*Black Jack*" Pershing, wird in Laclede, Missouri geboren.

19. September

Der Schauspieler und Tänzer Thomas Dartmouth Rice (*1808) stirbt in New York City.

03. Oktober

Der Porträtmaler Rembrandt Peale (*1778) stirbt in Philadelphia, Pennsylvania.

12. Oktober

Der US-Senator aus Kansas (1903-1909) Chester Isaiah Long wird in Millerstown, Pennsylvania geboren.

13. Oktober

Der Fotograf James Wallace Black (1825-1896) steigt mit einem Ballon auf und macht eine Luftaufnahme von Boston. Es ist die erste, die es von einer amerikanischen Stadt gibt.

25. Oktober

Der Bergmann und Bärentrainer James „*Grizzly*" Adams (*1812) stirbt im Suffolk County, Massachusetts.

06. November

In einer Minderheitenwahl wird Abraham Lincoln mit 39,7 % der Stimmen zum 16. US-Präsidenten gewählt; Vizepräsident wird Hannibal Hamlin (1809-1891). In zehn Südstaaten erhält Lincoln nicht eine Stimme.

21. November

Der Detektiv, Kundschafter und Kopfgeldjäger Thomas *„Tom"* Horn, Jr. wird in Memphis, Missouri geboren.

04. Dezember

Die Tänzerin und Schauspielerin Lillian Russell wird als Helen Louise Leonard in Clinton, Iowa geboren.

17. Dezember

Bei einem Angriff von 60 Texas-Rangers unter Captain Sullivan Lawrence Ross (1838-1898) und 70 freiwilligen Siedlern auf das Comanche-Lager von Häuptling Peta No-cona (ca. 1820-1864) am Pease River, Texas, werden überwiegend Frauen und Kinder getötet. Den Weißen gelingt es darüber hinaus die 1836 entführte Cynthia Ann Parker zu befreien, die seit 24 Jahren bei den Comanchen lebt und die Frau von Peta Nocona und Mutter von Quanah Parker ist. Als sie zu den Weißen zurückgebracht wird und dort eine weitere Tochter verliert, verfällt sie in Apathie und hungert sich anschließend zu Tode.

18. Dezember

Der Pianist und Komponist Edward Alexander Mac Dowell wird in New York City geboren.

Der US-Senator aus Kentucky John Jordan Crittenden (1787-1863) schlägt dem Kongress einen Kompromiss vor, wonach die Staaten südlich der Mason-Dixon-Linie selber darüber entscheiden sollten, ob sie die Sklaverei beibehalten wollen oder nicht. Der Kongress lehnt den Antrag ab.

20. Dezember

South Carolina tritt als 1. Staat aus der Union aus. Gouverneur Francis Pickens fordert Präsident Buchanan auf, die Forts Sumter und Moultrie vor Charleston aufzugeben und den Abzug der dort stationierten US-Soldaten einzuleiten. Am 21. Dezember verlassen die Abgeordneten von South Carolina den US-Kongress.

24. Dezember

Die *South Carolina State Convention* veröffentlicht die „*Declaration of Immediate Couses*", in der die Gründe für den Austritt aus der Union dargelegt werden.

26. Dezember

US-Major Robert Anderson (1805-1871) räumt mit seinen Soldaten Fort Moultrie und besetzt Fort Sumter.

28. Dezember

Der Songwriter Harry Bache Smith wird in Buffalo, New York geboren.

29. Dezember

Kriegsminister John Buchanan Floyd (1806-1863) tritt von seinem Amt zurück.

30. Dezember

Rebellen erobern das Bundesarsenal in Charleston.

31. Dezember

Der Industrielle und Gründer von Texaco Joseph Stephen Cullinan wird in Pulaski, Pennsylvania geboren.

Der US-Offizier und Erfinder der Thompson-Maschinenpistole John Taliaferro Thompson wird in Newport, Kentucky geboren.

Personenregister

Bibliografie

Ahrens, Helmut:	Alltag im Zentrum der Macht - Washington, Braunschweig 1989
Brandt, Armin M.:	Bau deinen Altar auf fremder Erde, Stuttgart 1983
Brown, Dee:	Begrabt mein Herz an der Biegung des Flusses, Hamburg 1972
Cooke, Alistair:	Amerika - Geschichte der Vereinigten Staaten, Stuttgart / Zürich 1975
Fehrenbach, T.R.:	Die Comanchen - Zerstörung einer Kultur, Hannover 1992
Fernau, Joachim:	Halleluja - Die Geschichte der USA, München 1990
Franzen, Michael:	Die Teton-Sioux - Ein Volk kämpft, Neumünster / Berlin 2017
	Wild Bill Hickok - Spieler und Revolverheld, Neumünster / Berlin 2017
Guggisberg, Hans R.:	Geschichte der USA, Stuttgart 1975
Göller, Karl H. (Hrsg.) Hoffmann, Gerhard (Hrsg.):	Die amerikanische Kurzgeschichte, Düsseldorf 1972
Gregg, Josias:	Karawanenzüge durch die Westlichen Prärien, Wyk auf Föhr 1991
Hagen, Victor M.:	Der Ruf der neuen Welt, München / Zürich 1970
Helms, Erwin:	Edition Zeitgeschichte USA, Hannover, 1972
Harpprecht, Klaus / Höpker, Thomas:	Amerika - Geschichte der Eroberung von Florida bis Kanada, Hamburg 1986
Jaeger, Hans:	Die amerikanische Wirtschaft seit der industriellen Revolution, Berlin 1973
Kiecksee, Jens:	Doc Holliday - Wahrheit und Legende, Wyk auf Föhr 1994
ders.	Jesse James - Wahrheit und Legende, Wyk auf Föhr 1993
ders.	Die Wyatt Earp-Story, Wyk auf Föhr 1991
ders.	Die Billy The Kid-Story, Wyk auf Föhr 1991
Kuegler, Dietmar:	In der Wildnis die Freiheit, Wyk auf Föhr 1989
Kuegler, Dietmar u. Helga:	Wagen westwärts, Wyk auf Föhr 1989
Kuhn, Annette (Hrsg.):	Die Chronik der Frauen, Dortmund 1992

Längin, Bernd G.: Der Amerikanische Bürgerkrieg - Eine Chronik Tag für Tag, Augsburg 1998

Mittler, Max: Eroberung eines Kontinents, Zürich 1971

Moltmann, Günter / Lindig, Wolfgang: Die Vereinigten Staaten von Amerika, Freiburg / Würzburg 1985

Nye, R.B. / Morpurgo, J.E.: Geschichte der USA, München 1995

O´Neil, Paul: Gunfighter, Alle Revolvermänner des Wilden Westens, Eine Enzyklopädie, Zürich 1997

Oth, Rene: Das große Indianerlexikon, Würzburg 1979

Rosa, Joseph G.: Schusswaffen der amerikanischen Pionierzeit, Stuttgart 1987

Schomaekers, Günter: Daten zur Geschichte der USA, München 1983

Sautter, Udo: Geschichte der Vereinigten Staaten von Amerika, Stuttgart 1991

Schreiber, Hermann (Hrsg.): Die Vereinigten Staaten, Braunschweig 1981

Schumann Kuno / Stammel, H.J.: Das waren noch Männer, Düsseldorf 1970

Müller, Hans-Dieter: Lebensdaten, Edgar Allen Poe (E. A. Poe Band 1) Olten, 1966

Umminger, Walter: Chronik des Sports, Dortmund 1990

US-Informationsdienst: Grundriss der Geschichte der Vereinigten Staaten von Amerika, Bad Godesberg 1954

Wernigerode, Otto Graf von Stolberg: Geschichte der Vereinigten Staaten von Amerika, Berlin 1973

Michael Franzen

Tagebuch der
Amerikanischen Geschichte
Teil 3
1776 – 1799

Die Geschichte der Vereinigten Staaten von Amerika, von der Unterzeichnung der Unabhängigkeitserklärung im Jahre 1776, über die amerikanische Revolution bis hin zum Ende des 18. Jahrhunderts. Chronologisch zusammengefasst in rund 480 Daten, mit einem übersichtlichen Personenregister am Ende des Buches - **168 Seiten als Taschenbuch, 25 s/w-Abbildungen, ISBN 978-3-750252-68-4 für 8,99 €.**

Michael Franzen

Tagebuch der Geschichte der USA des 19. Jahrhunderts
1800 – 1811

Band 1 der Geschichte der USA des 19. Jahrhunderts beschreibt die Zeit von 1800 bis1811. Die Lewis- und Clark-Expedition markiert den Beginn der Erforschung und Eroberung des amerikanischen Westens. Durch die napoleonischen Kriege in Europa kommt es zum Handelskrieg mit Frankreich und Großbritannien - **96 Seiten als Taschenbuch, 16 s/w-Abbildungen, ISBN 978-3-7450-6510-7 für 6,99 €.**

Michael Franzen

Tagebuch der Geschichte der USA des 19. Jahrhunderts

1812 – 1824

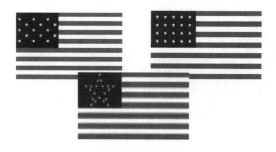

Band 2 der Geschichte der USA des 19. Jahrhunderts beschreibt die Zeit von 1812 bis 1824. Durch die fortlaufenden Spannungen mit Großbritannien und Frankreich kommt es schließlich zum „Zweiten Unabhängigkeitskrieg" mit England. Der anschließende wirtschaftliche Aufstieg findet in der „Era of Good Feelings" ihren Ausdruck und auch außenpolitisch setzen die USA mit der „Monroe-Doktrin" neue Akzente - **156 Seiten als Taschenbuch, 23 s/w-Abbildungen, ISBN 978-3-7450-6791-0 für 7,95 €.**

Michael Franzen

Tagebuch der Geschichte der USA des 19. Jahrhunderts

Band 3 der Geschichte der USA des 19. Jahrhunderts beschreibt chronologisch die Zeit ab der Veränderung der Parteienlandschaft in den USA seit 1825 und dem gleichzeitigen Erstarken der Jacksonian-Partei, die in der Wahl von Andrew Jackson zum 7. Präsidenten der Vereinigten Staaten gipfelte. Der verstärkte Zustrom der weißen Amerikaner in die mexikanische Provinz von Texas, führt zum Freiheitskampf der texanischen Siedler und am Ende zur Gründung der Republik Texas, seiner Annexion durch die USA und dem daraus resultierenden Krieg mit Mexiko - **188 Seiten als Taschenbuch, 33 s/w-Abbildungen, ISBN 978-3-7450-6891-7 für 8,99 €.**

Michael Franzen

Alias Billy the Kid

Billy the Kid war eine der legendärsten Figuren der amerikanischen Pionierzeit und bereits zu Lebzeiten eine Legende. Von der Kindheit und Jugend bis hin zu den Boomtowns New Mexikos verfolgt der Autor den Lebensweg von Henry McCarty, der für jedes seiner 21 Lebensjahre einen Menschen erschossen haben soll - **152 Seiten als Taschenbuch, 3. überarbeitete Auflage 2023, 40 s/w-Abbildungen, ISBN 978-3-752957-64-8 für 9,75 €.**

Michael Franzen

Wild Bill Hickok
Spieler und Revolverheld

Wild Bill Hickok war einer der schillerndsten Figuren der amerikanischen Pionierzeit und bereits zu Lebzeiten eine Legende. Von der Kindheit und Jugend bis hin zu den Goldgräbercamps von Dakota verfolgt dieses Buch den Lebensweg von James Butler Hickok und räumt mit der Legendenbildung um seine Person auf - **208 Seiten als Taschenbuch, 3. überarbeitete Auflage 2023, 24 s/w-Abbildungen, ISBN 978-3-750283-59-6 für 11,95 €.**

Michael Franzen

Die Teton-Sioux
Ein Volk kämpft

Die Teton-Sioux entwickelten sich im 19. Jahrhundert zur größten Reiternation auf den zentralen Plains Nordamerikas. Um die Black Hills und ihr Land entwickelte sich ein langanhaltender Kampf mit der US-Armee. Häuptlinge wie Red Cloud, Sitting Bull oder Crazy Horse wurden berühmte Anführer ihres Volkes - **316 Seiten als Taschenbuch, 3. überarbeitete Auflage 2023, 28 Abbildungen, ISBN 978-3-750286-07-8 für 13,95 €.**

Michael Franzen

Die Apachen
Ein Guerillakrieg in der Wildnis

Die Apachen galten als hartnäckige Verteidiger ihrer Heimat und kämpften einen über die Jahrhunderte hinweg andauernden Freiheitskampf gegen ihre indianischen Nachbarn sowie gegen die Spanier, Mexikaner und Amerikaner. Häuptlinge wie Cochise, Victorio oder Geronimo wurden legendäre Anführer ihres Volkes - **168 Seiten als Taschenbuch, 3. überarbeitete Auflage 2023, 17 s/w-Abbildungen, ISBN 978-3-750284-18-0 für 9,95 €**

Michael Franzen

Buffalo Bill
Westernheld und Showmaster

Buffalo Bill Cody, Kundschafter, Pony-Express-Reiter, Büffeljäger, Westernheld, Schauspieler und Showman. Hier wird der Lebensweg von William Frederick Cody eindrucksvoll nachgezeichnet, der bereits zu Lebzeiten eine Legende war und dessen Person in der Pionierge-schichte des Wilden Westens bis in die heutige Zeit hinein seinen festen Platz hat - **132 Seiten als Taschenbuch, 3. überarbeitete Auf-lage 2023, 15 s/w-Abbildungen, ISBN 978-3-750286-84-9 für 8,95 €.**

Michael Franzen

Wyatt Earp
US-Deputy Marshal

Er war einer, wenn nicht der berühmteste Gesetzeshüter des Wilden Westens - Wyatt Earp. Geboren und aufgewachsen in Missouri, zog es Earp später in den Westen, wo man seine Spuren in Wichita, Dodge City und Tombstone finden kann. In Tombstone nahm er an der Seite seiner Brüder und dem Spieler „Doc" Holliday an dem berühmten Revolverduell am OK-Corral teil und versuchte sich danach als Goldsucher in Idaho, Alaska und Nevada, Grundstücksmakler, im Pferderennsport und als Ringrichter im WM-Schwergewichtskampf zwischen Tom Sharkey und Bob Fitzsimmons. Der Autor verfolgt den Lebensweg von Wyatt Earp, der ein spannendes Stück amerikanische Pioniergeschichte darstellt - **126 Seiten als Taschenbuch, 34 s/w-Abbildungen, ISBN 978-3-750274-88-7 für 8,95 €.**

Michael Franzen

Doc Holliday
Spieler und Revolvermann

Er war einer der schwärzesten und geheimnisumwittertsten Männer des Wilden Westens - Doc Holliday. Doch wie wurde aus dem jungen Zahnarzt aus gutem Hause der (folgt man der Legende) schnellste und tödlichste Revolverschütze, den der Wilde Westen jemals gesehen hatte? Der Autor folgt den Spuren Hollidays durch die Boomtowns von Texas, Kansas, Dakota, New Mexiko, Arizona und Colorado und bringt Licht in das Dunkel der Legende Doc Holliday - **112 Seiten als Taschenbuch, 32 s/w-Abbildungen, ISBN 978-3-750273-88-7 für 8,95 €.**

Druck:
CPI Druckdienstleistungen GmbH
im Auftrag der
Zeitfracht GmbH
Ein Unternehmen der Zeitfracht - Gruppe
Ferdinand-Jühlke-Str. 7
99095 Erfurt